新农村建设丛书 > 生产发展 / 生活富裕 / 乡风文明 / 村容整洁 / 管理民主

新农村农产品流通

XIN NONG CUN NONG CHAN PIN LIU TONG ZHI SHI WEN DA

知识问答

黄会祯 编著

河北出版传媒集团
河北科学技术出版社

图书在版编目（CIP）数据

新农村农产品流通知识问答 / 黄会祯编著 . -- 石家庄 : 河北科学技术出版社 , 2017.4
ISBN 978-7-5375-8288-9

Ⅰ . ①新… Ⅱ . ①黄… Ⅲ . ①农产品流通－中国－问题解答 Ⅳ . ① F724.72-44

中国版本图书馆 CIP 数据核字 (2017) 第 030941 号

新农村农产品流通知识问答
黄会祯　编著

出版发行： 河北出版传媒集团　河北科学技术出版社
地　　址： 石家庄市友谊北大街 330 号（邮编：050061）
印　　刷： 山东泰安新华印务有限责任公司
开　　本： 710mm×1000mm　1/16
印　　张： 10
字　　数： 128 千字
版　　次： 2017 年 7 月第 1 版
印　　次： 2017 年 7 月第 1 次印刷
定　　价： 32.00 元

如发现印、装质量问题，影响阅读，请与印刷厂联系调换。
厂址：泰安市泰山区灵山大街东首 39 号　电话：（0538）6119302　邮编：271099

前言 /Catalogue

　　农产品流通是联系农业生产的一个重要环节，是实现农民劳动价值、促进农民增收的最直接的途径。

　　党的十六届五中全会提出了建设社会主义新农村的重大历史任务，指出要按照"生产发展、生活宽裕、乡风文明、村容整洁、管理民主"的要求，把发展农村生产力、建立现代农业、增加农民收入放在第一位，千方百计地让农民增加收入、提升生活质量，将全面推进农村经济发展作为工作的重心。中共中央、国务院出台2007年中央"一号文件"提出要建设农产品流通设施和发展新型农产品流通模式，提出并实施了各项促进农产品流通的政策。

　　为了使广大农民朋友更好地了解我国农产品的流通现状，熟悉国家各项促进农产品流通的政策法规，增强农民市场经济意识，发展具有地方特色和竞争优势的农产品品牌，从而更好地促进农业发展，改变农民增产不增收的状况，我们特地编写了本书。

　　本书主要内容包括农产品流通体系、农村物流知识的介绍，国家有关搞活流通、扩大消费的政策法规，农产品质量安全、无公害农产品的基本知识，农产品经纪人业务平台建设，农民专业合作社以及农产品流通形式和农产品运输政策等。

由于作者水平有限，文中若有不足之处，热诚欢迎广大读者提出宝贵意见。

黄会祯

2015 年 10 月

目 录/Catalogue

二、农村物流 ·················· 12

三、我国农产品流通形式的发展与完善………… 28

四、我国供销合作社的改革发展 ·············· 59

五、我国的农民专业合作社·············· 69

六、我国农产品市场协会和经纪人网络业务工作平台建设 ···················· 79

七、中华人民共和国农产品质量安全法·········· 90

八、无公害农产品 ································ 107

九、农产品初加工 ·············· 116

十、我国水产养殖安全标准和鲜活农产品 运输政策 ·············· 123

一、农产品流通体系

◈ **什么是农产品流通**？

农产品流通，简单地说，就是对要经过生产、加工、包装后出售的农副产品，进行收购、调运、储存和销售的过程。

◈ **什么是农产品流通体系**？

农产品流通体系是农产品物流、信息流和流通服务的统一体。它采用现代高新技术，采取新的组织方式，为农产品实现全球流通服务。主要解决农产品生产、销售过程中涉及市场和信息、中介组织和龙头企业、科技推广和应用、农产品加工和经营，以及市场检测和检疫等一系列问题。

◈ **建设农产品流通体系的原则有哪些**？

主要包括自愿联合原则和利益平衡原则。

自愿联合原则。农产品市场的繁荣，转移了一大批农业劳动力进入流通领域，形成了由运销专业户、农民经纪人、中介流通组织、农产品加工企业、城镇职业零售商贩以及季节性、临时性的农民运销队伍组成的市场流通大军，加上政府和相关部门进行监控等，使农产品流通体系主体繁多。而要使农产品流通体系能够顺畅运行，需要所有参与者共同努力，遵循自愿联合原则，在共同的目标下互助互利，相互依存。

利益平衡原则。建立合理的利益分配方式是农产品流通体系的内在要求和核心。利益分配关系是农产品流通体系内部各企业、经销商等环节之间的桥梁，能否处理好利益分配关系决定着流通体系能不能顺利进行。农产品流通体系的各个参与主体只有在经营活动的某个水平上达到平衡，才能发生、发展和壮大。

◈ 怎样建立农产品流通体系？

规范和健全的市场体系是现代流通的依托，成熟发达的市场经济是以规范健全的市场体系为基础的。农产品流通体系应建立纵横交错的农产品市场网络：货物的集散，按产销流程、集散序列有序进行。在集货方面，有初级市场、中心市场和终点市场；在散货方面，有批发市场和零售市场。按成交方式分，有现货市场和期货市场。按经济成分分，有国营商场、合作商场、股份联营商场和私人商场。

形式多样的市场流通主体是现代流通的基础。参与农产品市场流通活动的个人和组织都是市场主体，他们的实力和发展程度是农产品市场整体功能发挥的关键。流通市场主体包括市场和农产品流通中介服务组织。他们是农产品市场顺畅运行、市场发挥作用所必要的支持和保障。

农产品信息流通体系和政府进行调控是现代流通的重要平台和保障。在信息网络化市场经济时代，信息对于企业起着至关重要的作用。建立良好的农产品信息流通体系可以较好地调和或解决消费主体多样、广泛性需求与交易方式落后之间的矛盾。将市场延展到每个家庭、每个消费者的身边，在商品交易已经采用信息网络手段的今天，必须以不断发展的农产品信息网络平台作支撑。

◈ 农产品流通体系都包括哪些内容？

农产品流通体系从整个农产品流通的角度，包括生产、加工、运输、销售、消费，来研究农户与农产品流通中介组织、农产品流通中介组织与市场、市场与消费需求之间的关系。主要包括如下内容：

（1）建立一个国内市场和国际市场接轨的农产品市场。

（2）培育农业生产经营主体和农产品流通主体。

（3）做大做强农业流通贸易龙头企业。

（4）完善农产品市场信息体系。利用现代信息技术，推进农产品流通信息工程建设。充分利用现代信息技术积极创新农产品交易渠道和方式。

（5）加大财政支持力度。

◈ 国内外一体化的农产品市场是什么市场？

国内外一体化的农产品市场就是国际市场的价格情况、竞争情况、供求情况顺畅地传递到国内，按照市场规律和国际贸易准则，参与国际分工和贸易；按照国际贸易规范培育、开放市场，促进农产品贸易自由化。

◈ 如何培育农业生产经营主体和农产品流通主体？

培育农业生产经营主体，要加快发展农业龙头企业，组织带动农户推进农业产业化经营；鼓励和扶持农民合作经济组织的发展，促进农业经济组织创新。国有内外贸企业和供销合作社仍是重要的农产品流通主体。培育农产品流通主体，要引导它们与农民建立多种形式的联合与合作，以保持和占有一定的市场份额。

◈ **如何做大做强农业流通贸易龙头企业**?

做大做强农业流通贸易龙头企业，要凭借龙头企业自身强大的经济技术实力、庞大的营销网络、方便快捷的信息系统，依靠对市场的超前预测与把握，依托品牌优势，主动出击寻找国内外订单。然后，或建立农产品生产基地、进行规模生产，或以"订单形式"与农民签订合同，派出技术人员组织指导农民按照国际公认的标准进行生产，并对质量实施全程监控。

◈ **如何加大财政支持力度**?

政府的支持、服务、监督与调控作用对建立现代农产品流通体系十分重要。加大对农产品流通设施建设的支持力度，要把农产品流通设施作为社会基础设施，并且作为公益事业来发展，采取相应的扶持政策；从法律上讲，要为农产品流通改革与发展提供支持，还要提供规范化的市场监管；关注国内外农产品市场动态，为企业、农户提供准确信息，并为农产品出口的市场准入创造条件。

◈ **农产品流通体系是怎样运行的**?

农产品流通要顺利运行，需要做到以下几点：

（1）农产品流通体系内主体之间相互信任，这对于农产品顺利流通具有重要意义。农产品流通体系本身也是一个系统，流通体系中的单位和个人相互交换信息，相互支持，相互信任，而不是欺骗。

（2）农产品流通体系中的各主体参与是为了得到利润，因此，利益合理分配的前提和基础就是公平和公正。在体系的发展中保证各参与者都能获得报酬，体现出劳动与所得的明显关系。但是流通的过程往往比较复杂，需要政府建立完善的宏观调控体系，实施合理的企业化管理，让各主体都能在系统内发挥作用。

（3）在流通体系中，对实力比较薄弱、竞争力不强的企业或者是农户，政府和有关监督部门要提供扶持，提供有利的保障措施。另外，流通体系中的合作也需要建立完善的保障机制，通过政府规范企业行为，使企业合作能顺利开展。

（4）农产品流通体系是一个大的集体，在这个集体中必然要互相借鉴，取长补短。因此要建立农产品流通体系的学习制度。农产品流通体系的学习制度是指在体系内各个主体包括组织、群体和个人之间，以及体系内各主体之间的知识流动的渠道、相互关系和作用方式。学习作用的发挥离不开集体学习机制的建立。体系内成员可以通过相互学习的形式，吸收其他成员的知识来增加自身的知识基础和提高自身的能力。

（5）农产品流通体系是一个复杂的系统，要保障它的运行顺利，就要建立应对突发事件的制度，为流通体系提供保障。在流通的主体或者是某个环节出现问题时，能够有应对突发事件的能力；发挥政府和监控部门的职能以及流通体系内各参与主体的积极性，来达到保持流通体系顺畅流通的目的。

◈ 农产品流通存在哪些问题以及如何应对？

目前，农产品流通存在的问题主要是小生产与大市场的矛盾，还有就是农产品流通成本高、信息不灵。针对这些问题，为搞活流通、降低成本，我们需要围绕冷链建设、加工配送、产销对接、建立质量安全可追溯系统、提高组织化程度、加强信息引导等方面开展工作。

◈ 为什么要加强冷链系统建设？

冷链系统是指冷藏、冷冻、冷链运输的统称。

商务部已经把冷链系统作为农产品流通体系建设的重点。农民朋友请看一组数据。在发达国家，食品和鲜活农产品冷藏运输率达到

80% ~ 90%, 中国只有 10% 左右，差距相当大。中国的鲜活农产品损耗率在 25% 左右，在美国只有 2% ~ 3%，发达国家只有 5% 左右。我们每年农产品的损耗至少 700 亿元人民币，还有人测算是 1000 亿。我国有 7 亿多农民，相当于每个农民 100 元钱。如果把损耗降低下来，农民人均就能增收 100 元。所以，商务部把冷藏、冷冻、冷链运输这方面作为农产品流通基础设施建设的一个重点。

◆ 为什么要加强农产品产销衔接？

发达国家把产销衔接叫做订单农业，就是我吃什么，你卖什么；我卖什么，他就产什么，没有产不出来的，只有卖不出去的。目前，美国订单比例占 80% 左右，马来西亚也达 60%。这些超市和市场与农业合作社签订一个合同，明确水果和蔬菜的品种和价格，稳定供销关系。我国在这方面比例还是很低，通过订单合同销售的农产品还不足 15%。所以，我们要在产销衔接上、订单农业上、农超对接上加大力度，鼓励大型农产品流通企业、超市与农业合作组织、农业加工企业进行对接，减少盲目性，增加预见性。通过现有的试点来看，效果很好，据物美、家家悦、家乐福和沃尔玛等大型超市反映，实施农超对接后，农民销售农产品价格平均提高约 15%，超市的售价下降 15%。这样既促进了农民增收，也有利于城市居民的食品安全，农民、消费者、企业三方受益，国家当然要鼓励。

◆ 为什么要提高我国农产品流通组织化程度？

我国农产品流通还是各家干各家的，大多分散进行，而国外是靠合作社把农民组织起来，中国也有合作社，但组织化程度还不够高。如果通过农产品加工配送中心把千家万户的农民吸收进来，加工后再配送到商场、超市，对于解决产销衔接将会发挥很好的作用。

◈ 什么是质量安全追溯系统？

该系统基本原理是采用自动化技术、自动识别技术、信息加密技术为每件产品建立唯一的条码，一个条码只对应一个产品，就像我们的身份证一样；通过给生产过程中产品建立条码及流通销售信息的监管，对每件产品的物流、信息流进行监督管理和控制。如物流过程中的防伪认证和串货管理控制等，对产品从生产到入库、仓库管理、销售发货、在途、经销商、客户全过程的管理和控制。

◈ 为什么要建立质量安全可追溯系统？

批发市场建立可追溯系统，配备电子交易卡，就可以跟踪产品从哪儿来，批发到哪儿去了，将品种、价格等信息存入档案。如果农产品出现安全问题，可以及时采取措施。这将有利于搞活农产品流通，降低成本，提高效率，增加农民收入，保障农产品流通安全。所以，要建立质量安全可追溯系统。

◈ 构建农产品现代流通体系的措施是什么？

（1）完善信息服务体系，提升信息功能。

（2）推进现代流通体系建设，打造稳定的产销链条。

（3）健全生产加工体系，增强生产加工能力。

（4）加强出口促进体系，提高出口竞争能力。

（5）完善收储调节体系，提升日常调控能力。

◈ 如何完善信息服务体系？

在这方面，要继续加大农产品监测制度，提高市场信息传导效率，整合信息渠道，利用现代信息技术，建立覆盖农产品生产、流通、销售和消费等综合性的信息发布平台，及时收集和发布主要农产品的生产和需求的信息，实现信息收集的自动化，及时发布信息，打造以信息为引导的农产品产销的新模式。

◆ 如何打造稳定的产销链条？

就是要整合农产品流通资源，依靠大型企业，建立起产销一条龙，向上下游延伸，建立稳定的供应链与合作关系。发展订单农业，形成新型的农产品集散运输主渠道。要利用现代信息技术，实现产品市场与信息市场的有效对接，促进物联网的技术运用，优化运输的方式，降低物流的成本，减少流通中的损耗。

◆ 如何健全生产加工体系？

就是要增强生产加工能力，发挥大型企业流通、加工、收储一体化优势，增强农产品粗加工和深加工的能力，提高农产品的附加值。积极引导农产品加工企业，到主产区建立粗加工中心，或者是深加工的基地，密切流通企业与农户的连接关系，加强农产品流通标准化建设，通过流通标准化推进生产标准化，统一流通各环节标准，提高流通的效率。

◆ 如何加强出口促进体系？

就是要提高出口竞争能力，建立农产品出口行业公共技术服务平台，鼓励出口企业加大国际市场开拓能力。拓宽农产品出口渠道，增加出口的品种，建立农产品质量可追溯体系，提高出口企业风险防范能力和质量安全保障能力，鼓励出口企业在境外注册商标，开展国际认证，给品牌扩大出口份额。

◆ 如何完善收储调节体系？

就是要提升日常调控能力，建立中央、地方和商业企业三级农产品调控体系，建立收储体系。按照政府的引导、市场的运作、多元投资的原则，扶持农户、批发市场、运输企业建设冷库或者对现有的冷库进行升级改造，提高冷藏规模。

◈ 农产品流通贸易龙头企业的发展情况怎样？

现以盼盼食品集团为例介绍一下龙头企业发展情况。

盼盼食品集团是以农产品深加工为主的国家级农业产业化重点龙头企业。集团始创于 1996 年，经过十多年的拼搏，除晋江总部外，还发展了辽宁沈阳、四川成都、河南漯河、山东临沂、湖北汉川、广西南宁、甘肃白银、福建长汀等九家食品生产销售一体的分公司，拥有固定员工8500 多人，在全国建立了布局合理的产品生产基地，形成了覆盖全国的产业网络，产品畅销全国。公司在整个经营运作的过程中实行"公司＋基地＋中介＋农户"的运行模式，实施农业产业化发展战略，先后在各地建立了农产品种植基地 3.2 万亩，保护价订单农业种植基地 7.3 万亩，直接带动农户 6 万多户，这样既保证了公司所需优质农产品原材料的供给，引导农民由原来的松散型种植到集约化、规模化的科学种植，又为当地的农业增效、农民增收和农产品附加值的提升做出了贡献。到2007 年底公司产品成功打入世界 40 多个国家的市场，并开始在国际市场上推广"PANPAN"品牌，为企业品牌的国际化打下了初步的基础。集团旗下拥有"盼盼"、"真食惠"、"放学乐"等品牌，公司及产品先后获得多种荣誉。到目前为止，盼盼食品集团在全国拥有 15 家分公司。集团公司正力争把企业建设成为年加工各类农产品 100 万吨的以农产品深加工为主，多元化共同发展的现代化大型集团公司。

类似的龙头企业不胜枚举。

总之，我国的农产品流通贸易龙头企业已经有了很大的发展。

◈ 为什么说搞活农产品流通可以促进农村经济发展？

这既是个经济问题，又是个政治问题，要从社会稳定、经济发展的政治高度认识当前发展农村商品流通的重大意义。农业是国民经济的基础。我国是一个农村人口占大多数的国家，农业、农村、农民问题是建设有中国特色的社会主义的根本问题。改革开放以来，国家从制度和政策上采取了一系列解放农业生产力的措施，使农村经济较改革前有了大幅度的增长。但是，目前农业仍是我国国民经济中的薄弱环节，面临着从基本自给型、粗放型的传统农业，向商品化、集约化的现代农业，从温饱生活向小康生活转化的繁重任务。要完成这一转变，就必须围绕农业生产形成包括农村教育、科技、经济信息、资金信贷、商品供应、农副产品加工、市场销售、生活服务等庞大的社会服务体系。而所有这些，只有在建立并完善农村流通体系，繁荣农村经济中才能形成。

◆ **为什么说搞活农产品流通，可以促进农业产业化经营**？

目前，我国农村家庭经营方式与产业化经营要求存在不相适应的矛盾。产业化经营的本质是社会化大生产，这种生产对农产品供应的要求是优质性、批量性、均衡性、低成本。而目前我国家庭独立经营的特点是分散性、波动性、批量小，交易成本高，缺乏市场竞争力。在流通组织不健全、流通渠道不畅通的情况下，生产企业在收购生产原料时，往往要面对成千上万农民，不仅收购的数量、质量和时间没有保证，而且要维持庞大的原料收购队伍，甚至每村还要雇农民代购，使交易费用大增。如果农民组织起来，成立流通性的合作组织，这样企业面对的就不再是分散无序的众多农户，而是仅仅一个或几个合作组织。企业根据市场情况需求与合作社签订原料收购合同，农民根据合同而栽种，企业根据合同而收购，这样农民就被有组织有秩序地带入市场，不仅农业生产可与市场接轨，而且产业化链条的衔接也更加集约有序。这样不仅有利于增加农民收入，更有利于农村的产业化经营，实现农业生产的市场化、集约化，也有利于农民的长远利益。

◆ 为什么说搞活农产品流通可以使农村市场与城市市场协调发展？

农村消费市场的开拓对国民经济有很大的拉动作用，加强农村农产品流通建设，重要的一点是可以解决农民的"卖难"。通过畅通的流通渠道得到正确的市场信号，根据市场需求组织生产，农民生产的产品就可以卖出去，而且可以卖个好价钱。农民手里有钱了，不仅可以加大个人消费，提高积极性，对农业生产的规模化、产业化都会有所促进，农村对生产资料的需求也会随之日益增大。这些都需要有畅通的流通渠道和发达的市场体系来组织实施。但目前农民"难卖"的现象依然存在，流通依然制约着农村经济的发展，农村广大的市场在很大程度上未能得到充分的开发。结果是：一方面，城市工业品积压严重，企业开工不足，整个国民经济发展迟缓；另一方面，广大农民特别是不少贫困山区的农民却无力购买或无路购买。所以，要通过搞活农产品流通使农村市场与城市市场协调发展来解决问题。

二、农村物流

◈ **什么是农村物流**？

农村物流是一个相对于城市物流的概念，它是指为农村居民的生产、生活以及其他经济活动提供运输、搬运、装卸、包装、加工、仓储及其相关的一切活动的总称。

◈ **农村物流有哪些特点**？

与城市物流相比较，农村物流具有分散性、季节性、差异性、多样性等特点。

◈ **农村物流现在的情况是怎样的**？

从全国范围看，农业生产的分布是不均衡的，不仅存在品质、技术等诸多方面的差异，在丰收年，同样不同程度地存在着增产不增收的现象，除了市场因素，其较大的制约因素就是农产品物流。

农产品的生产是十分重要的环节，但如果生产出来卖不出去，就会伤害农民种植的积极性。事实上，影响农业发展的制约因素正从生产转向流通过程，发展现代农产品物流业，正在成为解决大市场与小生产矛盾的重要举措。目前，我国农产品物流是以常温物流或自然物流形式为主，农产品在物流过程中损失很大。据统计，我国每年约有 3.7 万吨蔬菜、水果在运送路上腐烂。

我国农产品物流网络缺口较大，一些地方的水果或蔬菜由于运不出去只能眼睁睁烂在地里；有的近距离贩运，由于当地已经形成产品的相对集聚，造成供大于求的局面，市场价格很低。特别是随着城镇生活水平的提高，人们对农产品在安全性、新鲜度等诸多方面的要求越来越高。但是，由于农产品本身的特点，以及产、销地的相对分散，加之，我国农产品收后加工技术相对薄弱，对农产品物流的要求比较高。

目前，农村现有的物流条件还不具备现代要求，这意味着它满足不了质的需求。农产品的生产、加工、运输、销售、消费这些环节中，运输环节的不足，极大地制约了实物流、资金流和信息流的流动。目前，农村迫切需要完善的产品服务，包括生活资料和生产资料；信息服务，包括科技普及知识（信函、宣传材料、交易信息等）的传播以及其他综合性的社会化服务，这些都要求建立具有现代化意义的农村物流体系。所以，农产品物流问题已经成为新农村建设的一个难题。

◈ 农村物流渠道发展过程是怎样的？

1982 年初，国家开始要求"恢复和加强供销合作社组织上的群众性、管理上的民主性和经营上的灵活性"。随后，正式开始了将供销社办成农民合作经济组织的改革。1995 年 2 月中央 5 号文件《中共中央、国务院关于深化供销合作社改革的决定》，以及随后由内贸部独立出中华全国供销合作总社，力图扭转农民与供销社脱节的状况，改变基层供销社作用不大的局面。经历 20 多年的改革，供销合作社名为实行责任制，实际上变成了挂供销社招牌的"个体户"。

当前，就大部分农村地区而言，分散的、实力很小的、素质不高的个体商户，组成了农村流通体系的最主要的部分。这种现状造就了假化肥、假种子、假农药的泛滥，诚信、优质难见，退货、索赔无门。

基于对农村物资流通体系现状的高度重视，政府在农村地区大力推进"万村千乡"工程。这是由商务部牵头，以建设"农家店"为核心的农村物资流通体系的创新，引导城市连锁和超市向农村延伸发展"农家店"。乡镇级"农家店"原则上以批零结合的综合性服务为主，鼓励其从事农资、日用小商品的批发与零售经营，以及政策允许的农副产品购销业务等。村级"农家店"以零售服务为主。此外，倡导大型流通企业与生产企业进行联合经营，研发并生产适合当地消费特点的自有品牌消费品。其建设方式是：引导各类大中型流通企业直接到试点县的乡村投资建立、改造连锁"农家店"；鼓励各类大中型连锁企业通过吸引小型企业加盟的方式到乡村建立、改造"农家店"；支持各类中小型企业通过自愿连锁，即企业自愿结合，统一采购、统一建立销售网络的方式建设"农家店"。

◆ 邮政物流有什么优势？

邮政物流融入新农村建设之中，具有天然的优势。

（1）较为完备的网络体系。中国邮政经过几十年的努力，已经拥有遍布全国广大农村的实物传递网络和金融网络，这是实践、时间、政策及几代人努力积累的结果，是借助国家之力，特别是高投入形成的重要的物质基础，将极大地节省市场开拓成本，故积极地参与新农村的流通体系建设，邮政物流具备得天独厚的天然优势。

（2）较高的信誉。"人民邮政为人民"的服务宗旨，使邮政在农民心目当中具有较高的知名度和美誉度，在一定意义上，它体现着政府或国家的公信力。这是难得的市场优势，是竞争中最大的资源优势。

（3）技术优势。庞大的网络体系和几十年的积累，不仅与农民形成感情纽带，而且从技术上也日趋成熟，有能力承担农村物流较高的技术要求。

◈ 邮政物流怎样向农村发展？

（1）要制定长远的发展规划。开拓农村市场，邮政具有天然的优势，但真正赢得市场还有相当长的路要走，邮政物流必须把握时机，抢先一步占领农村市场，积极制定切实可行的中长期发展规划，以及近期的实施计划，从市场定位、市场细分、产品（项目）开发等诸多方面进行深入的调查研究，积极稳妥地按规划和计划实施，同时要注意制定有远见、能行得通的规划。

（2）积极拓展业务。农村物流的领域相当广泛，要有针对性地分析市场需求，积极地拓展业务，并建立较为稳定的业务关系，按照生产、生活、文化建设等不同的特点，开展市场营销，提供优质的产品和服务，逐步创建邮政物流品牌。

（3）充分利用政策空间。邮政进军农村物流市场，要充分运用好中央2005年"一号文件"和2006年"一号文件"对邮政工作的政策要求，同时要充分抓住商务部推进"万村千乡"工程的商机，充分利用其政策支持，大力发展邮政物流，为推进社会主义新农村建设服务。

◈ 为什么说农村物流可以促进农业生产及流通？

（1）农村供应物流有利于降低生产资料的采购成本，有利于抑制农业生产资料的不合理涨价，有利于保证农业生产资料的质量。

（2）物流信息可以用以指导农产品的生产和流通，减少农业生产和流通的盲目性。

（3）物流运作有利于形成合理的专业分工，提高农产品生产水平和销售水平，打造农业生产组织及流通组织的核心竞争力，形成农产品生产及销售的专业优势，品牌优势。

（4）发展农村物流有利于科学技术在农业生产和流通方面的利用与推广。这是因为供应物流必须保证生产资料的科技含量，生产物流对农业生产提出了新的科学要求，销售物流也要求必须利用科学的手段对市场做出预测，并用科学的手段整合物流功能。

（5）发展农村物流有利于农业生产与流通的创新。分散的单个农户很难自办物流适应市场变化，抵抗市场风险，因此，现代物流需要物流主体与之相适应。农产品的生产者、销售者只有创新经营方式，才能适应现代物流的要求。

◆ 为什么说农村物流可以促进农民就业和增加农民收入？

农村存在着大量的剩余劳动力，失业及隐性失业现象严重。发展农村物流，有利于农村新的社会分工的形成，有利于开辟新的就业门路，如配送、维修、市场调研等就是新的就业增长点。这对于农村剩余劳动力问题的解决将起到重要的作用，有利于保持农村的安定局面。

新的就业增加一部分农民的收入。最主要的是，农产品的物流创造了时间价值和场所价值、尤其是加工附加价值，为顾客提供了满意的服务，必然会为农民创造合理的利润。总之，从长远来看，发展农村物流都将增加或变相增加农民的收入。

农村物流改善农民生活。农民收入的增加有利于农民生活水平的提高。农村地区物流基础设施的建设、物流环境的改善、物流意识的提高，有利于城市及周边地区的物品流入本地区，而且按照物流活动的方式和管理形式，流入的商品会以较低的价格、较快的速度、优质的服务满足该地区农民的生活消费需求，从而提高当地农民生活水平。

◆ 为什么说农村物流可以加速农村城市化？

农村的工业多集中在城镇，工业物流也是农村地区物流的重要组成部分，尤其对工业基础比较好的县，以物流的发展改造城镇工业，会加快城镇的发展和农村城市化的步伐。其实，城市化应包含两方面的内涵，一是城市的发展，吸引农民进城成为市民；另一层含义是农村的发展，农民生活水平、文明程度的提高。发展农村物流、农村环境的改善、科技手段的利用、信息化水平的提高、收入的增长、生活的富裕，都意味着新型农民的形成、城乡差别的缩小，这应该是中国城市化的应有之意。

◆ 农村物流的发展面临什么困难？

（1）农村经济发展总体水平低，农村物流发展缓慢。农村物流的发展水平受农村经济发展水平的影响很大。同时，农村物流发展缓慢还与广大农村地区没有认识到物流的重要性、物流知识缺乏有着直接关系。

（2）农产品具有易腐性、季节性，农村物流经营难度大。与工业品相比，农产品具有生物属性，容易腐烂变质。农产品是自然的产物，具有季节性和周期性。农产品的自然属性对其运输、包装、加工等提出了特殊的也是更高的要求，经营农产品物流风险较大。

（3）农村生产组织水平低，物流需求分散，物流供给能力不足。在我国，农业生产基本是以农户为单位，生产规模小，分工不细，收入有限，对物流需求不足且分散。目前无论是农村生产组织、流通组织还是物流企业都存在规模小、管理水平低、技术条件差等问题，制约了物流的供给水平。

（4）物流基础设施落后，物流技术装备落后，物流运作成本高。物流的运输、包装、装卸搬运、流通加工、信息处理等每一项功能的实施，都与物流的基础设施和物流技术水平有关。农村道路状况差，物流运费就高；没有公共的信息平台，物流信息就难以处理和发挥作用；没有科学的冷藏设备，鲜活农产品就难以运输、加工等，难以实现其价值；没有科学的工艺和技术，农产品就难以实现增值。

（5）物流政策不到位，物流作业不规范，物流交易成本高。现在农村地区的物流政策供给不足，有的地方还是空白，这样物流作业就难以规范，物流需求者对物流企业缺乏信任，对物流外包的结果难以预期，因此，物流合约难以达成。没有政策的支持，物流业也难以发展壮大，难以适应农村经济发展的需要。

◆ **应该采取哪些措施发展农村物流？**

就企业或农户物流层面而言，要积极创新农业生产组织，以土地产权改革为基础，壮大生产规模和经营管理实力；加强企业物流成本核算，改变对物流成本的模糊认识；制定企业物流战略，企业物流战略应该与企业营销战略、成本控制战略、品牌战略形成互补优势；开展新的物流经营模式，综合利用与物流相伴的信息流、资金流；重视物流技术的开发和利用；引进和培养物流人才，开展物流知识的学习和培训。

就产业层面而言，要积极开展供应链物流管理，培养供应链核心企业，根据实际情况形成"生产企业＋农户"、"批发企业＋农户"、"零售企业＋农户"、"配送中心＋农户"等多元化的物流运作模式；创新中小企业之间的物流协作模式，发展协作物流、共同配送、共享物流网络等形式解决农户分散、物流分散问题；加强行业协会的作用，约束行业竞争行为，减少恶性竞争，杜绝非法竞争。

就区域层面而言，要对农村区域物流科学规划，统筹城乡物流的发展，协调农村区域农业物流与工业物流；加强区域物流中心建设，提升商品交易市场功能；加强区域信息平台建设；强化对农村物流的金融支持；制定区域物流产业政策，鼓励、支持企业物流建设以及第三方物流的发展；制定区域物流人才战略；加强物流技术的研究和推广工作；加强区域间物流管理、物流技术的交流和合作。

◈ 信息化对农村物流的发展有什么作用？

随着新农村建设的深入和农村市场化水平的进一步提高，农村的物流量会成倍增加，这就要求农村物流快速向现代物流发展。

信息化是现代物流的核心，因此在农村要实现现代物流理念，大力推进农村物流的信息化建设至关重要。

随着我国经济的发展和社会的进步，国家出台的一系列"三农政策"，推动着农村物流的不断发展，并向现代物流的目标迈进。现代物流要有强有力的信息流做保障。现代物流的迅猛发展，从某种角度说是现代计算机技术、通讯技术、网络技术和信息技术发展的客观必然。因此，发展农村现代物流，不仅能更好地解决农业生产中农副产品的运输和储存，保证农用物资的及时供应，通过加工提高农产品的附加值，还能够促进和提高农村的信息化水平，使广大农民能够像城市的人们一样，通过网络及时获取农用物资、农产品的市场信息，利用网络完成交易等。但是，由于目前农村信息网络平台的薄弱，阻碍了农村现代物流的发展。

农业部为适应新农村建设的需要，结合信息网络快速向农村基层延伸的实际，在"十一五"期间，启动实施了"信息化村示范工程"，完成了"十万村庄建站、百万村官在线、千万农民上网"的建设目标。这将为农村物流向现代物流标准发展奠定基础，铺就发展之路。

◈ 农村物流还有哪些不完善的地方？

从全国范围看，农村物流总值在社会物流总值中的比重很小，远远低于全国社会物流总值27%的增长幅度。近两年农村物流开始引起社会的重视，但是农村物流仍然在拖"三农问题"的后腿。不能忽视的是，虽然农村物流前景广阔，但当前仍面临许多困难。具体表现在以下几方面：

（1）农产品物流还存在严重的浪费。有数据表明，我国水果、蔬菜等农副产品在采摘、运输、储存等物流环节上的损失率在25% ~ 30%，而发达国家的果蔬损失率则在5%以下。另据统计，我国每年有3.7万吨蔬菜、水果在运送路上腐烂，如此之多的农产品足可以供养2亿人1年的生活。据不完全统计，在过去一些年里我国每年损失大约450亿千克粮食，如果把从生产到收获、从流通到消费等各个环节的损失降低到最低点，我国每年至少可节约粮食200亿千克，相当于我们多开辟了3000万亩粮田。

（2）农资物流环节较多，农产品质量标准不完善。当前农资物流环节多、假冒伪劣产品多、秩序混乱等许多问题，阻碍了农资物流的发展；农产品质量标准滞后、标准混乱、标准无法沟通、标准不完善，食品质量检测标准不统一、食品流通检测及环保体系仍不健全。

（3）城市现代化的物流与农村落后的物流不能够较好地结合起来，导致城市与农村在物流业发展方面差距越来越大，外资更愿投资物流基础较好，并且工业与商业物流相对较发达的城市物流。而落后的农村物流对农村经济造成很大的损失。

（4）农产品加工物流薄弱。我国农产品加工物流相对落后，发达国家的农产品产值与农产品加工产值之间的比例为1:3 ~ 1:4，而我国仅1:1或稍多一点，农民种植农产品得到的收入有限。

◈ 信息化是怎样推进农村物流发展的？

随着农村改革的深入，农村市场化水平的进一步提高，农村的物流量会成倍增加，这就要求农村物流快速向现代物流发展。而信息化是现代物流的核心，因此在农村，物流要实现现代物流理念，大力推进农村物流的信息化建设至关重要。

国家已经认识到了农业信息化建设的重要性。农业部先后发布了两个有关农业信息化建设的重要文件——《农业部关于进一步加强农业信息化建设的意见》以及《"十一五"时期全国农业信息体系建设规划》，明确提出了"十一五"农业信息化建设的任务和措施以及工作思路，将启动"信息化村示范工程"。目前，全国各地农业信息化网络平台建成和在建的已经为数不少，将为农村物流的现代化发展奠定良好的基础。

建设较为完备的农业信息化基础设施，基本实现各类涉农信息资源的共享，将为现代农业的发展搭建起信息网络平台，农村物流的发展就可以建立在这些信息网络平台上。利用信息平台将多种现代化物流技术逐步渗透和运用到农村物流建设中，如运输技术、库存技术、加工技术、包装技术等。

◈ 怎样大力发展农业信息化？

21 世纪将是信息农业的时代，农业信息技术将成为实现农业高速、健康、可持续发展的重要推动力。目前，农业信息工作还存在基础设施薄弱、信息资源分散、信息人才缺乏三大突出问题，成为制约农业信息化的瓶颈，科学谋划和大力推进农业信息化工作任务依然艰巨。信息化进村是很难的，让有用信息最后到农民手里更难，怎样让适农信息进村并被村民所用是农业信息工作者所面临的重要问题。

要解决农业信息化建设的制约问题，需要从三大突出问题逐个入手，分别解决。

（1）进一步加强对农业信息化基础设施体系的投入。当前应把农业信息化纳入整个农村中小型基础设施体系中，同时，在国家的主要建设项目中，要充分考虑到农村信息化并给予必要的支持。把信息扶贫作为促进我国中西部农村发展的重要手段。

（2）加快建设农村信息网络基础设施。信息网络是实现农业信息化的前提和基础，特别是在我国农村通信普及还不完全、整体信息网络还未建成的情况下，当务之急就是加大投资力度，进一步完善农村信息网络基础设施的建设。

（3）建立农业信息技术人才培养体系。信息化的关键在于应用，而应用的关键在于人才。特别在农村地区，人们的文化水平普遍不高，对现代通信信息技术的了解还很少，农村信息技术的推广和应用急需大量人才来完成。要通过建立健全的农业信息技术人才培养体系，开展农业信息化队伍建设。

◈ 农村物流系统的目标包括哪些内容？

农产品物流配送管理系统设计目标包含以下三个方面：

（1）减少浪费，降低成本。当没有接到定单请求时，根据预测决策系统的预测值保持少量库存；当接到定单请求，开始备货，并根据库存状况迅速补货。而且选取最短的运输路径，也降低了运输成本。

（2）做到在准确的时间、按准确的数量送到准确的地点。该系统借助强大的网络功能，可以对客户的需求做出迅速反应，另外，中心自动化技术的运用，为配送活动减少了时间，提高了准确度。

（3）真正实现以客户为中心的服务理念。由于此模式是第三方物流服务的一种，具有第三方物流规模化运作的特点，可以将各地的定单汇集起来，通过配载、拼箱，实现农产品的多频次、少批量配送服务，满足不同客户的需求。

◈ 农村物流形式有哪些？

（1）直销型物流模式。这种模式是最原始和最初级的物流形式，由农户或农产品基地自营配送，将农产品送到批发市场或用户手中。这种形式的流通适用于流通范围较小、流通数量较少的状况，目前在大流通的格局下，已经不适应经济社会发展的需要。

（2）合同型物流模式。是公司与农户或合作社之间通过合同形式加以联接，农户提供农产品，由合作社或加工企业负责进入市场。这是当前在大城市郊区比较普遍的农产品物流模式。这种模式有四种形式：一是"农户＋运销企业"；二是"农户＋加工企业"；三是"公司＋农户＋保险"模式；四是"公司＋合作社"模式。

优势：一是对加工企业、大型连锁超市和农贸市场的批发商来说，克服了原料来源不稳定的问题，使公司拥有一部分稳定的原料来源，提高了资源控制能力和生产稳定性；二是为农户销售产品找到了相对稳定的门路；三是提高了对产品质量的控制。

缺陷：农户同企业谈判中始终处于弱势地位，农民的利益容易受到侵害；企业直接面对分散的农户，在上游配送环节，市场交易费用仍然很高，配送成本居高不下；公司或企业与农户之间的利益连接关系非常松散，常常会出现违约现象。

◈ 我国对农产品流通有哪些规定？

《农业法》对此做了明确的规定。

（1）农产品的购销实行市场调节。国家对关系国计民生的重要农产品的购销活动实行必要的宏观调控，建立中央和地方分级储备调节制度，完善仓储运输体系，做到保证供应，稳定市场。

（2）国家逐步建立统一、开放、竞争、有序的农产品市场体系，制定农产品批发市场发展规划。对农村集体经济组织和农民专业合作经济组织建立农产品批发市场和农产品集贸市场，国家给予扶持。县级以上人民政府工商行政管理部门和其他有关部门按照各自的职责，依法管理农产品批发市场，规范交易秩序，防止地方保护与不正当竞争。

（3）国家鼓励和支持发展多种形式的农产品流通活动。支持农民和农民专业合作经济组织按照国家有关规定从事农产品收购、批发、贮藏、运输、零售和中介活动。鼓励供销合作社和其他从事农产品购销的农业生产经营组织提供市场信息，开拓农产品流通渠道，为农产品销售服务。县级以上人民政府应当采取措施，督促有关部门保障农产品运输畅通，降低农产品流通成本。有关行政管理部门应当简化手续，方便鲜活农产品的运输，除法律、行政法规另有规定外，不得扣押鲜活农产品的运输工具。

（4）国家鼓励发展农产品进出口贸易。国家采取加强国际市场研究、提供信息和营销服务等措施，促进农产品出口。为维护农产品产销秩序和公平贸易，建立农产品进口预警制度，当某些进口农产品已经或者可能对国内相关农产品的生产造成重大的不利影响时，国家可以采取必要的措施。

（5）国家鼓励和支持企事业单位和个人依法从事跨地区、跨行业的农产品生产、加工、销售联合经营活动。

（6）具备条件的农业生产经营组织和其他经济组织可以按照国务院规定经批准取得对外贸易经营权，进行农产品进出口贸易。

（7）国家支持农产品集贸市场和农产品批发市场的建立和发展。农产品批发市场应当制定交易规则。农产品批发市场的管理者不得参与农产品批发市场的交易。

（8）县级以上人民政府应组织财政、金融、粮食、供销等有关部门和单位及时筹足农产品收购资金，任何单位或者个人不得截留或者挪用。农产品的收购单位必须在收购时向出售农产品的农业生产经营组织或者农民付清价款。农产品的收购单位在收购农产品时，不得压级压价，不得在支付的价款中扣缴任何费用。法律、行政法规规定代扣、代收税款的，依照法律、行政法规的规定办理。

◈ 我国对农产品加工有哪些规定？

国家支持发展农产品加工业和食品工业，增加农产品的附加值。县级以上人民政府应当制定农产品加工业和食品工业发展规划，引导农产品加工企业形成合理的区域布局和规模结构，扶持农民专业合作经济组织和乡镇企业从事农产品加工和综合开发利用。国家建立健全农产品加工制品质量标准，完善检测手段，加强农产品加工过程中的质量安全管理和监督，保障食品安全。

◈ 国家对发展现代农业物流产业有什么指导意见？

发达的物流产业和完善的市场体系，是现代农业的重要保障。国家强调必须强化农村流通基础设施建设，发展现代流通方式和新型流通形式，培育多层次的市场流通主体，建设开放统一、竞争有序的市场体系。

◈ 如何建设农产品流通设施和发展新型流通形式？

就是要采取优惠财税措施，支持农村流通基础设施建设和物流企业发展。要合理布局，加快建设一批设施先进、功能完善、交易规范的鲜活农产品批发市场。大力发展农村连锁经营、电子商务等现代流通方式。加快建设"万村千乡市场"、"双百市场"、"新农村现代流通网络"和"农村商务信息服务"等工程。支持龙头企业、农民专业合作组织等直接向城市超市、社区菜市场和便利店配送农产品。积极支持农资超市和农家店建设，对农资和农村日用消费品连锁经营，实行企业总部统一办理工商注册登记和经营审批手续。切实落实鲜活农产品运输绿色通道政策，改善农民进城销售农产品的市场环境。进一步规范和完善农产品期货市场，充分发挥引导生产、稳定市场、规避风险的作用。

◈ 如何加强农产品质量安全监管和市场服务？

就是要认真贯彻《农产品质量安全法》，提高农产品质量安全监管能力。加快完善农产品质量安全标准体系,建立农产品质量可追溯制度。在重点地区、品种、环节和企业,加快推行标准化生产和管理。实行农药、兽药专营和添加剂规范使用制度,实施良好农业操作规范试点。继续加强农产品生产环境和产品质量检验检测,搞好无公害农产品、绿色食品、有机食品认证,依法保护农产品注册商标、地理标志和知名品牌。严格执行转基因食品、液态奶等农产品标识制度。加强农业领域知识产权保护。启动实施农产品质量安全检验检测体系建设规划。加强对农资生产经营和农村食品药品质量安全监管,探索建立农资流通企业信用档案制度和质量保障赔偿制度。

◈ 如何加强农产品进出口调控?

为了加快实施农业"走出去"战略,就需要加强农产品出口基地建设,实行企业出口产品卫生注册制度和国际认证,推进农产品检测结果国际互认。支持农产品出口企业在国外市场注册品牌,开展海外市场研究、营销策划、产品推介活动。有关部门和行业协会要积极开展农产品技术标准、国际市场促销等培训服务。搞好对农产品出口的信贷和保险服务,减免出口农产品检验检疫费用,简化检验检疫程序,加快农产品特别是鲜活产品出口的通关速度。加强对大宗农产品进口的调控和管理,保护农民利益,维护国内生产和市场稳定。

◈ 如何发展多元化市场流通主体?

①加快培育农村经纪人、农产品运销专业户和农村各类流通中介组织;②采取财税、金融等措施,鼓励各类工商企业通过收购、兼并、参股和特许经营等方式,参与农村市场建设和农产品、农资经营,培育一批大型涉农商贸企业集团;③供销合作社要推进开放办社,发展联合与合作,提高经营活力和市场竞争力;④邮政系统要发挥邮递物流网络的

优势，拓展为农服务领域；⑤国有粮食企业要加快改革步伐，发挥衔接产销、稳定市场的作用；⑥商贸、医药、通信、文化等企业要积极开拓农村市场。

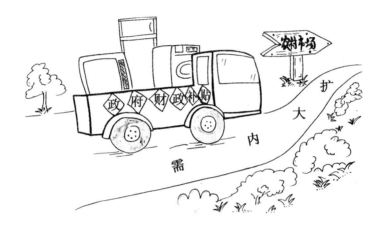

三、我国农产品流通形式的发展与完善

◆ 为什么要建立现代农产品流通体系和流通方式？

目前，经济社会发展对农产品需求的数量和质量要求不断提高，这是社会文明的一种标志。但随着我国农业市场化程度的不断提高，以及农产品贸易的快速发展，农产品流通滞后的矛盾也日益突出，主要表现在：

（1）经济社会发展和人民消费水平的提高，对农产品需求的数量和质量要求不断增加，农产品的市场规模在持续扩大。

（2）以个体农户为农业生产经营的基本组织单元难以独立承担起日益扩大的农产品交换和市场化发展的任务，这是我国的一个基本国情。

（3）传统的流通组织和服务组织不能适应农村经济迅速发展和开放的需要，流通型农业合作组织发展相对滞后。

（4）产销一体化组织利益协调机制不完善，农民利益难以得到保护等。

这些问题和矛盾影响了农产品流通的效率和效益，进而影响了农业现代化的发展和农民增收，难以使农民真正富裕起来。因此，建立现代农产品流通体系和流通方式势在必行。

◈ 现阶段农产品的主要流通形式有哪几种？

从我国的国情来看，现阶段我国农产品的主要流通形式包括以下几种：

（1）以农村经纪人和运销队伍为主体的经纪、贩运型流通。

（2）以龙头企业为组织形式的加工贸易型流通。

（3）以农产品批发市场为龙头的市场带动型流通。

（4）以专业合作组织为载体的合作型流通。

（5）以连锁超市集团为龙头的生产基地及联合采购型流通。

◈ 农村经纪、贩运型流通有哪些特点？

农村经纪、贩运型的流通特点是农民自己闯市场、找销路、搞运销，具有积极性、自主性、灵活性的明显特征。在山东、山西很多地方这样的组织非常多，活跃在全国的很多大、中、小城市。例如，山东苍山县有十几万人长年在 20 多个大中城市从事蔬菜运销经营，苍山蔬菜在上海的销量占到上海蔬菜销售总量的很大比重，带动了全县蔬菜的产销。

◈ 以龙头企业为组织形式的加工贸易型流通有哪些特点？

加工贸易型流通的特点是以农产品加工企业为依托，企业与农户间建立紧密的产销关系，实行产销一体化经营。一些果业集团公司在若干个乡镇的村组建立绿色果品出口基地与果农建立紧密的协作关系，并与基地果农户签订收购协议，按照协议为基地果农户提供物资服务、技术服务，收购基地农户水果进行加工，从而使当地水果产业逐步走向产业化发展之路。

以农产品批发市场为龙头的市场带动型流通有哪些特点？

市场带动型流通的特点是通过培育市场，形成产品集散、信息发布、价格形成中心，促进农产品储存、加工、交易、集散、物流配送等功能的实现，以大市场带动大流通。

改革开放30年来，农产品批发市场在我们国家蓬勃发展，经久不衰。例如，山东寿光蔬菜批发市场，辐射全国200多个城市，形成了大流通格局。深圳农产品公司下属的福田和布吉批发市场也成为中国南方最有影响的大型农产品批发交易市场，并辐射港澳及东南亚地区。截至到2008年，全国农产品批发市场数量大体稳定在4500家左右，市场年成交额不断提高。这种农产品流通方式的形式和内容在不断地发生变化，在不断地适应生产关系和生产力发展的新要求，辐射的范围越来越大，并且和现在一些新的流通方式紧密地衔接，比如农产品批发市场作为孵化器，在培养大的批发商与连锁超市对接方面发挥了重要作用。

以专业合作组织为载体的合作型流通有哪些特点？

合作型流通的特点是通过建立专业合作社，将从事同类农产品生产经营的农民组织起来，架起一家一户小生产与大市场的桥梁。虽然这种形式在我国发展相对滞后，但近年来由于合作社的相关法律不断健全和完善，这方面的合作组织发展也相对加快。

生产基地及联合采购型流通有哪些特点？

生产基地及联合采购型流通的特点是连锁超市通过建立农产品收购基地的方法，直接从农产品产地收购农产品。即连锁超市公司建立一些样板基地示范，带动农民按照超市销售农产品的标准（包括种子、肥料、农药、种植方法等）来组织生产和收购；也可通过农村经纪人向农民收购。这种利用连锁超市等现代流通企业规模化的网络和销售，直接组织农产品的产业化发展，加快了发展现代农业的进程，也是促进"订单农业"的一个有效方式。

连锁超市等现代流通企业还与农产品批发市场结合，将批发市场转化为连锁超市的农产品（特别是鲜活农产品）配送中心，既节省了配送中心投资成本，也加快了鲜活农产品周转速度，降低了损耗，提高了流通效率和收益。通过这种结合，使连锁超市以大规模的销售网络逐步掌控农产品市场的主导权，起到市场组织者和引导者的作用。

在我国，一些大型连锁企业、集团发展迅速，它们通过建立生产基地，或者与生产基地建立一种紧密型的联合，向生产环节延伸，这种采购型的流通，在某些农产品的产品品种上发展得也比较快。

◈ 经纪、贩运型流通形式存在的问题及解决途径是什么？

这种形式存在的问题主要有：组织化程度比较低、农民运销专业户的经营分散、流通和交易成本比较高，而且不确定性很大，对市场风险的控制能力和应对风险的能力比较弱。另外，有一些农民运销组织有的好有的坏，导致市场诚信度不高等。

解决途径是对这类流通形式要继续鼓励其发展，重点是提高其组织化程度，引导其形成专业化协会或相对集中的合作组织，建立针对性强的管理制度。特别是发挥一些农村"能人"的作用，成为这类组织形式的"带头人"。

农村流通经纪人是带有中国特色的组织。他们帮助农民把产品卖出去，解除了一些农民销售难的问题。目前我国农村经纪人达几十万户，经纪业务量持续扩大。要积极引导农村经纪人加入经纪人协会，建立联系农村经纪人制度、农村经纪人培训制度，并结合业务培训和相关法律法规、职业道德培训，使农村经纪人队伍素质得到明显提高。

◆ 加工贸易型流通形式存在的问题及解决途径是什么？

以龙头企业为主的加工贸易型流通方式的主要问题是，公司和农户的合同约束效果不大，这是我们很多的所谓"公司＋农户"不可能长久的主要原因。合同关系出了问题，使双方的利益都难以得到保障，关键是解决好公司与农户合同的问题，使双方的利益得到有效保障。包括合同的执行性、公司对农户管理与协调上的困难、信息单向流通、分配机制风险和利润分配不合理、缺少约束办法等问题。

解决的方法：一方面进行组织形式的创新。例如，山东烟台地区探索出"龙头企业＋合作社＋农户"与"龙头企业＋基地＋农户"等多种形式的经济组织，方式是龙头企业投资，农户投工，基地管理，划片承包。这种组织形式一定程度上克服了双方合同执行困难和管理上的困难等问题，使公司与农户的联合更加紧密，既有利于提高农民的知识技术水平，推广先进的技术，也便于实行规范生产，从而达到提高产品质量，实现公司与农户利益双赢的目的。另一方面，通过制定相关规则来明确龙头企业和农户的权利与义务，将合同赋予法律效力也必不可少。

◆ 农产品批发市场流通形式存在的问题及解决途径是什么？

农产品批发市场存在的问题，主要是多数农产品批发市场档次低，基本都是从农贸、集贸市场转化而来的，缺乏必要的硬件设施，储存、加工能力弱，市场功能不完善，信息化手段不健全，对农业的带动和引领作用不强。多数市场是以场地、设施出租为主的物业式经营。组织形式不完善，市场管理以收费代管理的现象存在，还缺乏跟现代管理相匹配的管理手段和管理模式。当然也有很多的市场现在正逐步发展，包括硬件和软件系统都在升级改造。

未来完善的方式主要是重点扶持一批带动力强的区域性产地和销地批发市场，使之成为价格形成、信息传递、产品集散和综合服务中心。

具体包括以下几点：

（1）加强市场的基础设施建设。重点是信息系统、质量检测系统、电子结算系统以及加工储藏等配套设施建设，提高市场服务和交易功能。特别是最近的《食品安全法》提出了农产品市场的责任，用法律的方式规定了下来。这样农产品市场在农产品安全检测方面的责任可能更大，未来要更加注重保障食品安全。此外，还有交易方式的创新，现在市场主要还是对手交易，虽然与中国特点和具体国情有很大关系，但也要逐步走向现代化。

（2）加快市场改制步伐。形成产权明晰、管理规范的公司经营主体。

（3）向两头延伸，与现代流通方式对接，引导农业的产业化发展。目前，商务部的双百工程对重点农产品批发市场给予了一定的支持、指导和扶持。比如北京目前有八大批发市场，这些市场深购远销，衔接产需，上边带动农产品的市场流通，下面和现代流通方式对接，起了非常好的作用。而且现在一些大的批发商也在这里不断地生成，未来这类农产品市场发挥的作用会越来越大。

◈ 合作型流通形式存在的问题及解决途径是什么？

这种形式存在的主要问题是专业合作组织覆盖面小，有些组织有名无实，不能很好地发挥作用。由于处在发展初期，很多的合作组织资本、技术、人才缺乏，导致服务水平较低，不能满足农户要求。同时，法律地位的问题也是一个困扰，现在虽然有了合作组织这方面的相关法律，但是真正地切实落实还需要一定的时间。

解决的方法和完善的方式，主要有：

（1）培育发展专业合作组织。鼓励引导农民自办合作组织；鼓励引导乡镇事业站领办专业合作组织；政府加以引导和支持。

（2）发挥供销社网络组织优势，领办、创办农产品流通专业合作组织。

（3）加强法律制度建设，《农民专业合作社法》2007年7月1日起开始实施，它赋予了农民专业合作社的法人地位，现在是要把它落到实处。而且在执行过程中，还可以发现有些需要不断完善的法律问题，也要逐步解决。

（4）加大政府扶持力度，在注册、财政支农资金、税收、信贷融资等方面给予支持。同时，强化政府服务职能，搞好对专业合作组织的培训。

◈ 基地及采购型流通形式存在的问题是什么？

以连锁超市为龙头的基地及采购型的流通形式，未来有很大的发展空间。目前存在以下几个问题：

（1）超市集团公司自身的积极性、主动性的问题。超市应该如何积极开拓市场，促进农业产业化发展，还需要探索。

（2）一些政策条件方面的问题。在生产、采购和基地结合缴税方面还有很多问题，比如开不了发票带来的一系列问题等。

（3）农产品主产区流通设施的使用问题，连锁流通企业直接从农民手中收购农产品的"收购发票"在全国各地一致性的可抵扣性问题。

（4）连锁企业与基地之间的合作关系问题。这就涉及到了合同方面的执行问题。市场不好的时候基地把产品卖给超市，一旦市场变化了可能这种契约关系就容易被毁约，这种情况对连锁超市为龙头的基地集中采购型的流通方式提出了一些挑战，未来在这些方面也需要不断完善。

◈ 怎样为农产品流通创造有利的条件？

①完善信息服务；②加大政策流通和市场的公益性基础设施建设的投入，对农业产业化龙头企业进行扶持，开通农产品运销"绿色通道"；

③在金融、贷款、贴息、税收等方面为农产品的相关流通组织提供必要的政策支持；④加强市场监管；⑤加强农产品质量监管，保障食品安全；⑥发挥行业协会作用。

◈ 怎样加强市场监管？

就是制定农产品市场管理办法，将农产品市场纳入规范化管理，呼吁出台农产品市场法，提倡农产品市场法。尽管现在出台一部法律可能还不太现实，但是我们相关的管理办法和制度应该出来，将农产品市场纳入规范化的轨道。

◈ 怎样加强农产品质量监管、保障食品安全？

食品安全问题是未来农产品市场这样的流通组织面临的最大问题。市场主办者是第一责任人，这一点必须明确，不能推卸责任。要尽快建立健全农产品质量分级分类包装标准体系；完善质量检测体系，要有一些超标方面的检验；完善产品认证体系和质量监督制度，要逐步建立市场主体资格认证制度，完善市场准入制度。

◈ 怎样发挥行业协会的作用？

协会的作用不容忽视。各类农产品流通协会，实际上发挥着很大的作用，比如全国城市农贸中心联合会，在行业引导、沟通、协调和行业自律等方面发挥了非常多的作用，而在这些方面，协会未来的发展和作用的空间会越来越大。因为政府的职能实际上正在逐步地被剥离出来，让中介管理型组织来对整个行业加强引导、监督和自律，相信未来我们的相关组织会发挥越来越大的作用。

◈ 推进农村市场体系建设包括哪些内容？

（1）建设连锁化农家店。落实中央 1 号文件"提升万村千乡超市和农家店服务功能质量"的要求,继续建设连锁化农家店,进一步扩大覆盖面。科学制定农家店布局规划,重点扩大经济欠发达地区的农家店覆盖面。努力提升农家店服务功能,鼓励农家店开展多种经营,推动农家店经营药品、邮政用品、电信产品、文化用品相关政策的落实,稳步提高经营比重。加强农家店项目建设质量,鼓励直营店建设。

(2)加快农村商品配送中心建设。配送是农村现代流通的薄弱环节。加强农村商品配送中心建设,努力提高机械化和信息化水平,强化配送中心的商品采购、储存、加工、编配、调运、信息等功能,稳步增加统一配送商品品种。

(3)努力提升信息化水平。支持农村流通企业与农家店的信息化改造,推进统一结算系统建设,提高农村流通企业、配送中心、农家店之间的紧密程度,形成信息畅通、配送快捷、管理高效的整体。稳步推进农村流通基础设施升级。

◈ 怎样加快构建农产品现代流通体系?

(1)继续实施"双百市场工程"。支持大型鲜活农产品批发市场建设和升级改造,完善冷链系统、质量安全可追溯系统、分拣包装及加工配送等设施,支持县乡农贸市场经营设施进行标准化改造。加快农产品批发市场立法进程,完善农产品批发市场规划布局。

(2)积极推进"农超对接"。大力发展鲜活农产品冷链物流,扶持农产品生产基地与大型连锁超市等大型流通企业进行对接,减少流通环节,降低流通成本,优化农产品供应链条。积极探索农产品"农超对接"模式,推动建立更紧密、稳定的农产品购销关系,增加对接品种和数量,探索农产品现代流通新模式,推进"订单农业"发展。

(3)加强农村商务信息服务体系建设。依托全国农村党员干部现代远程教育网络和具备上网条件的"万村千乡市场工程"农家店,拓宽农村商务信息服务覆盖面，引导生产和销售，解决农产品"卖难"问题。加强农村市场运行监测，通过"商务预报"网站及时发布相关信息，利用新农村商网发布农产品流通信息，提高农村流通网络现代化水平。

（4）加强重要农产品市场调控。适时开展食糖收储和投放工作，保障市场供应，维护食糖市场稳定。

🔹 怎样提高农业对外开放水平？

（1）扩大优势农产品出口。积极扩大优势农产品出口，完善农产品出口政策体系，支持建立农产品质量可追溯体系和行业组织建设农产品公共技术平台。支持农产品出口企业到新兴市场办展参展，努力提高农产品国际竞争力。加大农产品出口信贷和信用保险支持，扩大农产品出口信用保险的承保范围，向金融保险机构推荐出口规模较大、农业产业化程度较高、对农民就业和农民增收带动作用明显的农产品出口龙头企业。支持建设农产品出口基地，推动提高农产品出口退税率。

（2）加强农产品进出口调控。健全高效灵活的农产品进出口调控机制，做好农产品进出口调控工作。加强敏感产品进口监测，保持粮、棉、糖等重要农产品进口平稳。积极应对国际农产品贸易壁垒。

（3）继续实施农业"走出去"战略。大力开展对外农业投资合作，保障我国粮食安全，增强农业自我发展能力，提高粮食自给水平，促进互利共赢。加大对开展境外农业合作企业的支持力度，制订境外农业合作发展规划，引导企业积极有序地开展境外农业合作。

（4）提高农业利用外资水平。适时修订《外商投资产业指导目录》，引导外商投资发展现代农业，鼓励外商引进优良品种、先进种植管理和加工技术，充分发挥外资在农业发展、农民增收等方面的积极作用，提高农业领域利用外资的质量和水平。进一步健全符合世界贸易组织规则的外商经营农产品和农业生产资料准入制度，制定和完善外商投资农业领域的相关管理规定，建立完善外资并购境内涉农企业安全审查机制。

为什么要推进"双百市场工程"？

为贯彻落实《国务院办公厅关于搞活流通扩大消费的意见》（国办发〔2008〕134号）精神，加快农产品现代流通体系建设，保障城乡居民"菜篮子"安全，商务部、财政部决定继续推进"双百市场工程"。

推进"双百市场工程"的主要任务是什么？

2009年在农产品重点销区和产区，支持建设和改造200家大型鲜活农产品批发市场，引导市场与基地和农户建立紧密的联系，提升市场服务水平；支持400家县乡农贸市场进行标准化建设和改造，完善交易设施，改善交易环境；逐步形成以批发市场为核心，农贸市场为基础，覆盖城乡的农产品流通体系；不断降低流通成本，减少农产品损耗，拓宽流通渠道，解决农产品"卖难"问题，促进农民增收，保证城乡居民吃上放心菜。

推进"双百市场工程"支持方向是什么？

支持农产品批发市场进行冷链系统、质量安全可追溯系统、安全监控系统、废弃物处理等准公益性设施以及交易厅棚、仓储物流、加工配送、分拣包装等经营性设施建设和改造；支持农贸市场进行交易厅棚、冷藏保鲜、卫生、安全、服务等设施建设和改造。

农产品批发市场承办单位应当具备哪些条件？

（1）经县级以上人民政府或其授权部门批准设立，具有法人资格，符合当地城市建设及商业网点规划；建立了农产品流通质量安全管理等相关制度；承诺在发生突发事件时积极配合政府，保障市场供应；对农民进入市场销售自产农产品提供便利条件，并减免相关费用；承诺及时、准确填报"双百市场工程"信息服务系统。

（2）年成交额在本地区位居前列，东部地区综合市场年成交额20亿元以上，中部地区10亿元以上，西部地区5亿元以上；东部地区专业市场年成交额8亿元以上，中部地区4亿元以上，西部地区2亿元以上。

（3）对照《农产品批发市场管理技术规范》（GB/T19575-2004）和实施细则进行综合测评，东部地区的市场综合评分应在160分以上；中西部地区的市场应在120分以上。测评分须经省级商务、财政部门组织的专家组（5～7人）予以现场认定（应出具署名认定意见）。

（4）占地面积150亩以上，西部地区可以适当放宽到100亩以上。市场用地应取得土地使用证或者以租赁方式取得30年以上的土地使用权。

各地商务、财政部门根据本地经济发展的需要，按照公开、公正、公平的原则，择优选择市场。对于在抗击自然灾害、保障市场供应工作中做出突出贡献的市场予以优先考虑，对于已取得中央财政性资金支持的项目不得重复支持。

◈ 农贸市场承办单位应当同时具备哪些条件？

（1）经乡级以上人民政府或其授权部门批准设立，具有法人资格，符合当地城市建设及商业网点规划，组织机构、规章制度健全，建立了农产品流通质量安全管理等相关制度，对农民进入市场销售自产农产品提供便利条件，农产品交易额在本地区位于前列。

（2）以农产品零售交易为主，农产品交易额占市场总交易额60%以上。

（3）经营场所固定，营业面积在2000米2以上。

各地商务、财政部门根据本地经济发展的需要，按照公开、公正、公平的原则，择优选择市场。对于在抗击自然灾害、保障市场供应工作中做出突出贡献的市场予以优先考虑，对于已取得中央财政性资金支持的项目不得重复支持。

◈ 国家对推进"双百市场工程"有什么工作要求？

（1）各省级商务主管部门要会同财政部门，制定"双百市场工程"工作实施方案，明确项目申报、验收程序以及相关要求等。对于符合项目申报条件的市场，在2008年已建成，但没有享受中央财政支持的项目可列入2009年项目支持计划。市场申请项目时应提交以下材料：项目申请书，项目建设和改造方案，市场营业执照副本复印件，税务部门出具的纳税证明，土地使用权证明，流通质量安全管理制度，对农民销售自产农产品的优惠措施等相关材料。批发市场还应提供应对突发事件保障市场供给的预案。

（2）各省级商务、财政部门应于2009年6月30日前联合将工作实施方案，以及审核通过的项目申请书和项目汇总表报商务部、财政部备案，并通过"双百市场工程"信息服务系统上传备案材料。商务部、财政部对备案项目确认后，各项目正式列入2009年度"双百市场工程"项目。

（3）各省级商务主管部门应会同财政部门对项目实施状况进行动态监管。商务部将会同财政部对项目申请、审核、建设、验收等情况进行不定期抽查。

（4）各省级商务主管部门应会同财政部门，按照农产品现代流通体系建设项目建设标准与验收规范（见《商务部关于印发2006年度农产品现代流通体系建设项目建设标准与验收规范的通知》商建发〔2006〕511号）、商务部下发的农贸市场建设标准和验收规范以及相关规定要求，对2009年度的农产品批发市场和农贸市场建设项目进行验收，并于2010年2月15日前将项目执行和验收情况报商务部、财政部。中央企业建设项目由商务部会同财政部组织验收。市场申请项目验收时应提交以下材料：项目验收申请（应附具体项目清单）；固定资产投资项目验收合格文件或证书（复印件）；省级商务、财政主管部门要求的其他材料。

（5）对按本通知规定建设和改造并验收合格的农产品批发市场和农贸市场项目，中央财政农村物流服务体系发展专项资金将予以支持，具体办法另发。

（6）各地商务、财政部门要提高认识，加强组织领导，积极争取地方政府在规划、用地、用水、用电、税收、资金等方面出台优惠政策。协调相关部门落实农产品批发市场按工业用地等政策，引导金融机构加大信贷支持力度，采取措施吸引社会资金投入农产品流通基础设施建设，推动"双百市场工程"取得更大的成效。

◈ 大力推动农产品流通体系建设的主要措施是什么？

为应对当前日益加深的国际金融危机，商务部按照党中央、国务院扩大内需的工作部署，通过培育多层次的农产品市场，发展现代流通方式，改善农村消费环境，提高农产品流通效率，切实扩大农产品消费，保障广大农民的利益。

◈ "双百市场工程"开展情况怎么样？

2009 年，中央财政安排专项资金，对 600 家农产品批发市场和农贸市场的 790 个项目建设进行扶持，其中包括冷链物流系统、质量安全可追溯系统、废弃物处理、安全监控系统建设等，这些市场年交易额超过 5200 亿元，带动就业上百万人，在促进农民增收、改善农产品流通环境、带动民间投资方面发挥了积极作用，实现了"兴一个市场，带一批产业，活一方经济，富一方农民"的多赢目标。

农贸市场建设是 2009 年"双百市场工程"的亮点。据一些省市测算，中央和省级财政在农贸市场上每投入 1 元资金，可带动各方投资超过 11 元，对于改变以往占道经营的混乱状况、完善乡镇市场基础设施起到了积极的作用。例如，陕西省建设的 20 个农贸市场，其农产品销售量同比增长 31%；新疆和田地区把农贸市场建设作为新农村建设的重要内容，极大地改善了市场环境，市场日均人流量增加了 1.2 万人，解决了 5000 余名农村富余劳动力的就业，受到了广大农牧民的好评。

当前，农产品冷链物流发展滞后是制约农产品现代流通体系建设的重要因素之一，集中表现为冷链设施匮缺，冷藏运输效率低，物流成本高。继续加大农产品现代流通体系建设，尤其是冷链系统建设是今后一段时间的重要工作。2010 年，商务部会同有关部门继续实施"双百市场工程"，以农产品冷链系统、质量安全可追溯系统为重点，支持一批农产品批发市场和农贸市场进行建设和改造。

◈ 实施"双百市场工程"的措施有哪些？

（1）继续支持农产品批发市场冷链系统建设。鼓励蔬菜、水果、肉类、水产等鲜活农产品批发市场建设恒温冷藏保鲜库、低温冷冻冷藏库、气调保鲜库等冷藏储运设备，实现对生鲜农产品储藏、加工、运输全过程的保鲜冷藏。

（2）支持农产品批发市场建设质量安全可追溯系统和检测、安全监控、信息、结算、废弃物处理中心等准公益性设施项目。

（3）支持农产品批发市场加工、分捡、包装等农产品增值加工设施，以及交易厅棚、配送中心等基础设施建设。

◈ 如何探索农产品流通新途径？

商务部积极探索农产品流通新途径，开展农产品"农超对接"，鼓励超市直接从农产品生产基地采购生鲜农产品，引导超市建设农产品生产基地，对农产品产运销的全过程进行直接监督和管理。改善鲜活农产品流通设施，保证农产品品质，提高鲜活农产品流通质量安全水平。商务部组织编写了《农产品"农超对接"经营指南》，开展了面向农产品流通企业和基地农民的农产品市场流通及质量安全免费培训。

商务部将继续支持大型农产品连锁超市建设鲜活农产品直采基地，发展鲜活农产品冷链物流，形成以农产品连锁超市为龙头，直采基地为基础，覆盖鲜活农产品生产、加工、运输、销售全过程的新型鲜活农产品流通网络；引导大型农产品连锁超市与鲜活农产品产地建立长期、稳定的购销合作关系，从产地直接采购鲜活农产品，实现农超对接；支持大型农产品连锁超市建设鲜活农产品冷藏和低温仓储设施，购置冷藏车、冰柜等冷链设备，发展从农田到餐桌的鲜活农产品现代物流体系，提高鲜活农产品流通质量安全水平。

◈ 为什么要对农贸市场进行标准化建设和改造？

农贸市场作为传统的农产品交易形态，遍布全国各地，普遍基础设施简陋，管理水平不高。大量农贸市场露天交易，地面没有完全硬化，卫生环境差，导致农产品零售过程损耗大、消费安全难以保障。西部及少数困难地区甚至缺乏基本的农产品交易场地。对农贸市场进行标准化建设和改造，将有效改善农产品终端消费环境，保障食品安全，同时创造就业机会，增加农民收入。

因此，商务部指导地方开展农贸市场标准化建设和改造。鼓励建设和改造交易厅棚等经营设施，提高市场管理水平，改善经营环境，解决集散地不足的问题，引导农产品进入市场销售，扩大农产品消费。

◈ 为什么说我国已经有了农产品现代流通体系?

改革开放30年来,我国基本形成以民间经营为基础、以市场为导向、企业自主经营、政府适度调节的农产品流通体系,为引导生产、扩大消费、吸纳就业、提高农民收入、确保市场供应等发挥重大作用。具体表现为:①流通对农业经济贡献率提高;②多元化流通确保市场供应;③流通企业推动农产品安全监管。

◈ 为什么说流通能促进农业的发展?

统计显示,2007年我国农产品流通交易额达15 000亿元左右,占农业产值的45%以上,农产品流通对农业产业经济的贡献率逐渐提高。

农产品流通产业已成为我国农民就业的最大领域,2007年我国仅蔬菜流通领域就业人口就达9000多万人,这些人为全国蔬菜不同流通模式提供采购、供应,他们作为供应蔬菜的环节,活跃在从农村到城市的批发市场之间。

商务部流通产业促进中心发布的《中国农产品流通发展报告》显示,到目前为止,众多离土不离乡或离土离乡不离行的农村蔬菜专业社或蔬菜经纪人等已成为全国蔬菜从产地到销地的不同流通模式的主力军,占全国从事蔬菜流通人员的80%以上。农产品大流通为提供就业、解决小农生产等起到了重要作用,在我国农业产业经济中的地位受到重视,在经济发展、社会生活中占据重要地位。

◈ 多元化流通对产品供给有什么作用?

我国已初步形成产地市场、销地市场、集散市场统筹发展,综合市场和专业市场互补互进,以大中城市为核心、遍布城乡、多层次、多主体的市场流通格局。

据全国城市农贸中心联合会统计,到目前为止,我国农产品批发市场约 4150 家。亿元以上主要农产品交易市场有 1551 家，其中有亿元以上农产品综合市场 830 个；亿元以上专业市场 721 个。2007 年，我国亿元以上农产品批发市场交易总额约 9300 亿元，占农业生产总值的 37%。全国经由农产品批发市场交易的农产品比重高达 70% 以上，并且这一比例仍在继续升高。在北京、上海、广州、深圳、成都、沈阳等大城市经由批发市场提供的农产品比例在 80% 以上，不同层次的农产品批发市场在城乡农产品流通、交易和确保城乡市场供应中起到不可替代的作用。

◈ 为什么说流通有利于农产品安全监管？

流通环节作为产品从生产到最终消费的通道，是消费安全隐患最易暴露的环节，也是消除消费安全隐患的重要环节。

近年来，流通食品安全法规标准逐步完善，市场食品安全检测逐步加强，市场食品安全准入制度得到实施，食品流通基础设施明显改观，消费者食品安全意识显著增强。众多流通企业按照《流通领域食品安全管理办法》的规定，加快推进建立食品安全的制度保障体系、食品可追溯体系和经销商信用档案管理体系。目前我国绝大多数大型流通企业已建立协议准入制度、经销商管理制度、索证索票制度、购销台账制度和不合格食品退市制度，完善食品流通行业自律机制，为保障食品在流通中的安全奠定了基础。

◈ 为什么说我国农产品市场体系逐渐完善？

新中国成立 60 多年来，我国农产品市场化程度逐步提高，基础设施逐步改善，初步形成多层次、多主体、多类型的农产品市场流通新格局。现在我国的农产品批发市场已发展到 4500 多个，承担着近 70% 以上的农副产品流通任务。而由农业部与商务部共同开展的鲜活农产品"绿色通道"已达 4.5 万千米，贯通全国 31 个省（自治区、直辖市），为鲜活农产品跨区域长途运输提供了快速和便捷的主通道。

随着新型交易方式和流通业态蓬勃兴起，超市逐渐成为大中城市的农产品重要零售渠道，一些大中城市农产品超市销售量已占到当地农产品零售总量的 20% 以上。同时，随着信用系统、结算支付系统和验货配送系统的建立健全，农产品电子商务已开始向网上交易支付的高级形态发展。

20 世纪 90 年代以来，我国的农产品期货市场规模不断扩大，市场运作日益规范，价格发现和套期保值的功能开始发挥。当前国内上市的 18 个期货品种中，农产品占了 12 个。近年来，农业农村经济的多元化发展，使农村经纪人、个体运销户、农民合作经济组织和农业产业化龙头企业等逐渐成为农产品市场流通的主力。据不完全统计，目前从事农产品流通、科技、信息等中介服务活动的农村经纪人已经达到 600 万以上，农民合作经济组织达到 15 万个，农业产业化龙头企业超过 4300 多家，成为农产品市场流通中强大的新生力量。

◆ 怎样看待农业信息统计工作？

在农业信息统计方面，我国农产品统计调查报表制度不断完善，统计、物价、成本和批发市场调查指标设置日益适应市场经济发展的需要，农业信息统计的综合协调管理功能日趋规范化，农业信息统计工作进一步形成了整体合力。

◆ 农业信息化工程取得了良好效果吗？

农业信息化建设取得明显的阶段性成效。目前，已初步形成以农业系统为主，其他涉农部门和社会力量为补充的全国农业信息化组织体系。通过实施村村通广播电视、村村通电话等工程，农村地区信息化基础设施建设得到了极大改善，基本解决了农民获取信息难的问题。同时，近年来，农业部初步建立起了以中国农业信息网为核心，集20多个专业网为一体的国家农业门户网站。

农业信息服务除为农民及时提供《农业部经济信息发布日历》信息和农业各行业经济信息外，主要农产品的市场监测预警系统和10多个部委参加的农业农村经济形势会商会，也成为国家宏观决策的有力依据。涉农信息资源整合方面，已基本建立起相关部委间农村信息资源交换制度，初步搭建起信息供需之间的桥梁。

❖ 国家对搞活流通提出了什么意见？

①健全农村流通网络，拉动农村消费；②促进流通企业发展，降低消费成本；③加大财政资金投入，支持流通业发展。

❖ 怎样健全农村流通网络、拉动农村消费？

（1）要继续推进"万村千乡"市场工程。进一步扩大"万村千乡"市场工程农家店覆盖面，强化农村商品配送中心的商品采购、储存、加工、编配、调运、信息等功能，增加统一配送的商品品种，降低经营成本。推进"万村千乡"网络与供销、邮政、电信等网络的结合，提高农家店的综合服务功能。引导生产企业开发符合农民消费特点的产品，增加简包装、低成本、质量好的商品供给，进一步扩大农村消费。

（2）加快完善农产品流通网络。健全农业市场信息服务体系，强化信息引导和产销衔接，完善农产品运输绿色通道政策，降低农产品流通成本和损耗，着力解决农产品"卖难"问题，促进农民增收。继续实施"双百市场工程"和农产品批发市场升级改造工程，在重点销区和产区再新建或改造一批农产品批发市场和农贸市场，加强冷藏保鲜系统、卫生、质量安全可追溯系统、检验检测、物流等设施建设。积极推动"农超对接"，支持大型连锁超市、农产品流通企业与农产品专业合作社建立农产品直接采购基地，培育自有品牌，促进产销衔接。建设从鲜活农产品生产基地到超市的冷链系统、物流配送系统和快速检测系统，提高流通效率，保证产品质量和安全。

（3）完善农业生产资料流通体系。继续推进农业生产资料连锁经营，重点培育大型农业生产资料流通企业，加强农业生产资料现代物流设施建设，保障市场供应。加强农业生产资料市场调控和监管，促进市场竞争，降低流通成本，切实减轻农民负担。引导和鼓励农业生产资料流通企业为农民提供技术、农机具租赁等多样化服务。

◈ 怎样促进流通企业发展、降低消费成本？

（1）要培育大型流通企业集团。通过股权置换、资产收购等方式，支持流通企业跨区域兼并重组，做大做强，尽快形成若干家有较强竞争力的大型流通企业和企业集团。支持流通企业加快创立自主品牌，发展销售和物流网络。鼓励流通企业发展连锁经营和电子商务等现代流通方式，形成统一规范管理、批量集中采购和及时快速配货的经营优势，降低企业经营成本和销售价格，让利于消费者，促进居民消费。

（2）支持中小商贸企业发展。扶持和促进中小商贸企业发展，充分发挥其便利消费、稳定市场的作用。推动金融机构产品和服务方式创新，加大对符合条件的中小商贸企业融资支持力度。金融机构要根据商贸流通企业特点，制定差别化的授信条件，创新担保方式，通过动产、应收账款、仓单质押等方式，解决中小商贸企业贷款抵押问题；安排专项资金，支持符合条件的中小商贸企业发展。

（3）实行商业与工业用电、用水同价政策。尽快落实对列入国家鼓励类的商业用电与工业用电同价政策，有条件的省份要在2009年内落实对列入国家鼓励类的商业用水与工业用水同价政策，切实减轻企业负担。

◈ 加大财政投入支持流通业发展包括哪些内容？

要加大财政资金投入。中央财政要增加农村物流服务体系发展专项资金和促进服务业发展专项资金规模。采取以奖代补和贴息方式，调动地方和社会投入积极性，支持农村流通体系和城市服务体系发展。具体由商务部会同财政部落实。

◈ 国家对加强农产品市场流通有什么指导意见？

为贯彻落实中央农村工作会议和《中共中央、国务院关于进一步加强农村工作提高农业综合生产能力若干政策的意见》（中发［2005］1号）精神，加快健全农产品市场体系，搞活农产品流通，促进农业增效、农民增收、农产品竞争力增强，农业部对各省、自治区、直辖市、计划单列市农业（农牧、农林、畜牧、渔业）厅（局、委、办），新疆生产建设兵团农业局提出如下意见：

（1）提高认识，增强做好农产品市场流通工作的紧迫感。

（2）更新观念，明确加强农产品市场流通工作的思路与原则。

（3）突出重点，加快健全农产品市场体系。

（4）开拓创新，全面加强农产品营销促销工作。

（5）着眼长远，推进农产品市场流通现代化。

（6）加强引导，积极培育农产品市场流通主体。

（7）积极协调，优化农产品市场流通环境。

（8）摸索规律，加强农产品市场流通工作理论体系和制度建设。

（9）加强领导，确保农产品市场流通各项工作落到实处。

◈ 怎样继续做好农产品市场流通工作？

（1）在社会主义市场经济条件下推进农业和农村经济发展，必须面向市场，搞活流通。做好农产品市场流通工作，是建设现代农业，繁荣农村经济的重要环节；是农户小生产与大市场实现对接，增加农民收入的重要途径；是丰富城乡市场，保障农产品供给的重要载体；是农业部门遵循市场经济规律，强化"经济调节、市场监管、社会管理、公共服务"职责的重要内容。

（2）各级农业部门务必解放思想，更新观念，提高认识，增强做好新时期农产品市场流通工作的责任感和紧迫感；务必创新思路，转变职能，强化措施，把工作重心转移到生产与市场流通并重的轨道上来；务必按照职能配置，切实履行研究制定大宗农产品市场体系建设与规划、组织协调菜篮子工程和农业生产资料市场体系建设、提出有关农产品及农业生产资料价格和大宗农产品市场流通的政策建议、预测并发布农业各产业产品及农业生产资料供求情况等农村经济信息等工作职能，开创农产品市场流通工作新局面。

◆ **加强农产品市场流通工作的思路是什么**？

加强农产品市场流通工作，必须明确工作思路，突出工作重点。

在工作思路上要实现"三个转变"：一是市场建设重点要由数量扩张向提高素质、提升功能转变。二是流通方式要由过分依赖传统的有形市场向有形市场与连锁配送、电子商务、期货市场等现代流通方式并重转变。三是由注重保障数量充足向保障数量充足与质量安全并重转变。

在工作布局上要狠抓"三项重点"：一要以农产品批发市场为中心，以连锁配送、电子商务、期货市场等现代流通方式为先导，推动建立产地市场与销地市场相衔接、现货市场与无形市场相配套、国内市场与国际市场相呼应的农产品市场体系。二要全面强化农产品营销促销服务，立足国内市场，放眼国际市场，促进发挥我国在世界农产品贸易中的大国效应，加快构建有效开拓国际市场和衔接国内产销的农产品营销促销服务体系。三要创新工作机制，推动优化农产品市场流通的制度环境。

◈ 加强农产品市场流通工作的原则是什么？

从加快建设现代农业、繁荣农村经济、增加农民收入、全面建设小康社会的内在要求出发，立足服从服务于农业和农村经济中心工作，全面提升农业部门抓好市场流通工作的能力和水平。加强农产品市场流通工作，必须坚持以下原则：

（1）注重市场导向。遵循市场经济规律，充分发挥市场机制作用，搞好调控、支持、规范、引导与服务。

（2）注重因地制宜。围绕产地抓市场，狠抓流通促生产。产地市场建设要根据实际需要，合理规划，防止产品市场建立起来了，却找不到销售门路的情况发生；要整合市场资源，避免市场建设一哄而上、一哄而散。

（3）注重务求实效。特别是在农产品营销促销工作中，对各种展览展销活动要进行事前调查，突出产业、产品、区域特色，确保产销衔接有实效，避免盲目贪大、求全。

（4）注重统筹安排。农产品市场流通工作与农业综合生产能力提高、农业结构调整等工作要有机结合，相互协调。

◈ 健全农产品市场体系包括哪些内容？

①积极搞好农产品市场体系建设规划；②加快推进批发市场升级改造；③重点加强产地市场建设；④认真筛选与管理定点市场；⑤不断强化市场信息服务。

◈ 如何搞好农产品市场体系建设规划？

各地农业部门要开展农产品市场流通状况调查，认真做好农产品市场体系建设规划编制工作并组织实施，制定数量适度、结构合理、布局科学的农产品市场体系发展规划。

◆ 如何加快推进批发市场升级改造？

在市场建设规划上，要重点扶持建设规模大、辐射面广、带动力强的区域性产地和销地批发市场，构建起全国统一的批发市场网络，使之成为农产品市场流通的价格形成中心、信息传递中心和产品集散中心。在市场基础设施建设上，要重点加强信息系统、质量检测系统、电子结算系统以及加工、储藏等配套设施建设，提高市场档次，增强交易功能。在市场运作模式上，要鼓励支持传统市场加快改制步伐，通过明晰产权、实行股份制等形式，进行公司制改组改造，提高运营效率；扶持鼓励传统市场组建农产品物流和营销公司，将市场由物业型经营主体改造为营销型经营主体，真正发挥农产品市场在流通中的龙头作用。

◆ 如何重点加强产地市场建设？

围绕产地抓市场建设，以市场流通促产业发展，这是各地农业部门在推进农产品市场流通工作中的成功创造。要把产地市场作为农产品市场体系建设的重点，紧紧围绕优势农产品区域布局、主导产业、出口农产品基地建设和农业产业化发展，突出建设与完善龙头市场、核心市场，有效促进主产区农产品的对外流通。

◆ 如何认真筛选与管理定点市场？

农业部定点市场已成为各级农业部门做好市场流通工作的信息采集点、工作联系点，对加强农产品市场流通工作意义重大。

要继续做好定点市场的选定工作。既注重区域布局和产业布局，又注重市场规模、运作模式和发展前景，逐步把全国各区域、各产业具有代表性的农产品市场纳入定点市场范围。

要进一步加强对定点市场的管理。开展定点市场工作考核、流通能力评估等工作，建立对定点市场的动态管理制度和退出机制。近期要集中开展一次定点市场清理工作，对功能退化、工作开展不力的市场予以摘牌。

要加大对定点市场的扶持力度。适当向优势农产品和优势产区倾斜，同时兼顾中西部地区，推进定点市场升级改造。

◈ 如何不断强化市场信息服务？

要在发展现代电子信息网络的同时，充分利用电话、电视普及率高的优势，推广电话、电视、电脑相结合的模式，解决信息服务难题。要重点完善农产品批发市场信息网络建设，努力实现信息共享，更好地发挥市场信息对引导农产品跨区域有序流通的重要作用。要鼓励和支持社会各界力量开展面向广大农民的信息服务，大力发展农村信息员队伍，充分发挥他们对农民直接传递信息的功能和对农民生产经营的引导作用。

◈ 怎样全面加强农产品营销促销工作？

（1）提升农产品展览展销活动水平。近年来，各级各类农产品展览促销活动在国内外蓬勃开展，有利于促进产销对接、培育品牌、提高流通效率，利用展会销售产品对活跃农产品市场流通的作用日益突出。要认真总结办展、参展经验，加强对各级各类展会的统筹、规范、组织和引导，坚持以政府扶持引导启动展会，以企业参与、市场运作壮大展会，积极培育特色突出、实效显著、国内外知名的品牌展会。

（2）积极开拓国际农产品市场。要充分利用国际、国内两种资源和两个市场，积极促进我国有竞争力农产品的出口工作。要加强对农产品出口市场的研究，鼓励和支持企业、协会进行国外市场考察和调研，通过组织境外参展等活动加强出口营销服务。

（3）加快完善农产品网上展厅。中国农业网上展厅运行两年来，已成为国内规模最大、品种最全的农产品营销促销网络平台。各地要在继续宣传、组织、发动企业进厅展览展销的同时，充分利用各地农业信息网络资源，组建地方区域性网上展厅，并与中国农业网上展厅联网运行，使之成为网上永不落幕的交易会。有条件的地区，可研究建立电子商务平台，为农产品营销促销提供网络交易服务。

◆ **推进农产品市场流通现代化包括哪些内容**？

（1）大力发展现代流通方式。现代流通方式是农产品市场体系不断发育的方向性要求。要重点支持农产品物流、连锁经营、直销配送、电子商务等现代流通方式的发展，注重期货市场的培育。要继续开展批发市场农产品拍卖交易试点，探索农产品价格形成新机制，总结规范交易模式；做好批发市场电子统一结算示范推广工作，进一步改善交易手段，规范交易行为，提高流通效率；积极引导农产品批发市场开展连锁经营，为批发市场与连锁企业之间开展合作创造条件；积极引导农民面向连锁经营，发展专业化生产，提高质量规格，形成商品批量；积极促进农民合作经济组织与连锁企业建立稳定的产销联系。

（2）积极推进农产品交易标准化。农产品交易分级分类标准的制定与实施是发展现代流通方式的重要基础性工作。要结合我国农产品的品种、特色，加快标准制订和修订步伐，尽快形成与国际市场接轨、涵盖主要农产品品种的交易分级分类规格标准体系，推动上市农产品质量等级化、重量标准化、包装规格化。

（3）认真实施品牌经营战略。要鼓励支持农产品生产、加工、营销组织和企业做好农产品的商标注册、质量认证、标准化生产等工作。要注重拳头产品、优势产品、原产地产品的品牌培育和保护，注重生产、流通环节的技术服务与指导。要通过市场化经营运作，催生一批品牌、培育一批名牌，不断提高农产品的品牌覆盖率，把品牌、名牌优势转变为市场优势、经济优势，做大做强品牌农业。

◈ 积极培育农产品市场流通主体包括哪些内容？

（1）积极培育农产品流通组织。要注重支持引导壮大农民运销队伍，培育农民运销合作组织，积极鼓励生产大户、运销大户领办合作组织。鼓励支持农产品生产与加工企业进入农产品流通领域，领办、创办农产品流通专业合作组织。加强对各类流通组织、协会的规范和引导，通过加强服务，促进其发展壮大，增强其抵御市场风险的能力。

（2）加快农民经纪人队伍建设。要不断壮大农民经纪人队伍，建立落实农民经纪人培训制度，逐步提高农民经纪人素质。要优化农民经纪人队伍的发展环境，通过政策扶持和强化服务，帮助经纪人不断拓展销售市场，扩大经营规模，改进技术手段，完善经纪功能。

◈ 怎样优化农产品市场流通环境？

（1）营造良好的流通条件。要加强市场监管，规范市场秩序，严厉打击欺行霸市行为，营造公平健康的交易环境。要建立健全农产品市场准入制度，加大检测力度，对农药、兽药、添加剂残留超标等不符合质量标准的农产品不准上市。要加强市场质量监督，坚决打击假冒伪劣产品，净化市场环境，提高市场信誉。

（2）推进"绿色通道"建设。开通全国性的鲜活农产品运销"绿色通道"是降低流通成本、提高流通效率、优化流通环境的重要举措。要积极协调有关部门，认真实施农业部等七部门《全国高效率鲜活农产品流通"绿色通道"建设实施方案》（交公路发〔2005〕20号），确保开通全国重要的"绿色通道"网络，督促落实相关政策，协调配合有关部门共同完善"绿色通道"具体实施办法，尽快实现省际互通。同时，积极推动开通地方鲜活农产品运销"绿色通道"，并实现省内外无差别对待，为农产品流通提供更为宽松的环境和优惠政策。

◈ 怎样加强农产品市场流通工作制度建设？

（1）注重农产品市场流通工作理论创新。农产品市场流通是农业和农村发展新形势下的一项开拓性工作，要按照现代农业发展的要求，紧紧围绕当前制约农产品市场流通的突出问题，积极探索，创新理论，指导实践。要注重标准化生产、标识化流通、规格化包装、物流配送、连锁经营等市场营销理论体系的研究创新。要重点从农民参与流通领域利润分配出发，创新利益联接机制，构建产业化经营理论，探索建立农产品现代流通理论体系。

（2）建立健全农产品市场流通工作制度。要加快农产品市场流通工作制度化建设，逐步建立完善理论创新制度、市场体系建设与管理制度、流通主体培训登记制度、营销促销活动管理制度、工作体系建设制度、流通信息共享制度等。产区与销区农业部门要加强信息沟通，形成相互支持的工作机制。

◈ 怎样确保农产品市场流通各项工作落到实处？

（1）加强组织领导。农产品市场流通工作涉及面广、开拓性强，各地要切实加强组织领导，健全工作体系，完善工作机制，充实工作力量。要立足当地实际，不断研究农业部门推进农产品市场流通工作的新思路、新举措，促进产销衔接，为建设现代农业、增加农民收入提供有力支持。要主动协调有关部门，结合本地实际，制定相应的扶持政策，并做好宣传和贯彻落实工作。

（2）增加投入。要积极争取有关部门的支持，加大对农产品市场流通的投入力度，特别是在市场体系建设和营销促销等方面要重点增加投入。各级农业部门要优化农业资金投入结构，加大对农产品市场流通的投入比重。要建立多元化投入机制，通过政策引导，吸引社会资金投资农产品市场流通事业。

（3）增加激励措施。对在推动农产品市场流通体系建设，培育农产品市场流通主体，推进鲜活农产品运销"绿色通道"建设和加强农产品营销促销等工作中成效突出的地区和单位，要给予适当表彰和奖励。

◈ 为什么要积极开拓农产品市场?

受国际金融危机影响，国内农产品价格下行压力加大，部分农产品销售困难增加。特别是夏秋季节鲜活农产品集中上市，仍有发生季节性、局部性鲜活农产品滞销卖难问题的可能。为此，农业部将农产品营销促销服务作为农业部门公共服务的重要内容，积极开拓农产品市场，全力推动鲜活农产品顺利销售，促进农业稳定发展和农民持续增收。

◈ 开拓农产品市场包括哪些措施?

开拓农产品市场主要包括两条措施：①密切市场监测，提早发布预警；②大力培育品牌，推销优势产品。

◈ 如何密切市场监测，提早发布预警?

农业部在全国选择了 50 个骨干农产品批发市场，对蔬菜、瓜果、水产品、畜产品 4 大类 58 种重点产品的价格、交易量等市场信息实行日监测制度。组织专家进行研判分析，把握市场走势。建立了农产品滞销信息网上报送系统，力争对滞销卖难情况做到早发现、早处置。进一步加大信息发布力度，为农产品流通提供高效、优质的信息服务，引导经销商抓住有利时机前往主产区扩大经销规模，促进鲜活农产品跨区域合理流通。以后，农业部还将进一步完善农产品市场动态采集渠道，坚持日常监测、提前预警、及时发布，扩大信息采集范围，不断健全鲜活农产品市场预警预报机制。

◈ **如何大力培育品牌，推销优势产品**？

农业部指导各地加大了对本地特色优势农产品的宣传推介力度。先后帮助宁夏固原地区在北京新发地批发市场设立马铃薯销售专区；支持海南举行"北京地区百家市场（超市）联销海南瓜果活动"和"上海地区百家市场（超市）联销海南瓜果活动"，召开了海南瓜果菜产销对接会；协助山东烟台在北京举办"百年品牌烟台苹果推介会"，签署了60万吨果品销售协议；举办乳制品市场促销活动。通过这些活动的举办，提高了地方名特优产品的知名度，扩大了社会影响，增强了市场竞争能力。

农业部还将对可能发生滞销卖难的品种进行全面调查，组织批发市场、经销商等赴主产区实地考察。

加大对标准化生产、质量全程控制等做法的宣传报道，提升社会消费信心，引导扩大国内消费；推介一批规模化、标准化生产基地，宣传一批组织化程度高、产品质量优的典型专业合作社，报道一批带动能力强、社会责任意识强的龙头企业，推广一批地方名特优农产品品牌；大力推动发展"订单农业"，鼓励"农超对接"，支持产需直接见面，减少中间流通环节。

四、我国供销合作社的改革发展

◆ **为什么要加快供销合作社改革发展**？

供销合作社是为农服务的合作经济组织，是推动农村经济发展和社会进步的重要力量。加快供销合作社改革发展，对于活跃农村流通，完善商品流通体系，建设现代农业，拉动农村需求，推进社会主义新农村建设，促进形成城乡经济社会发展一体化新局面，具有重大意义。

◆ **加快供销合作社改革发展主要包括哪些内容**？

加快供销合作社改革发展主要包括以下内容：①新形势下供销合作社改革发展的目标任务；②加快推进供销合作社现代流通网络建设；③着力强化供销合作社服务功能；④不断加强供销合作社组织建设；⑤积极创新供销合作社企业经营方式。

◆ **供销合作社改革发展取得了哪些成就**？

近年来，全国供销合作社系统认真贯彻党中央、国务院决策部署，始终坚持为农服务宗旨，不断深化体制改革、创新经营机制、拓展服务领域，全面推进基层社、社有企业、联合社、经营网络改造，成功实现扭亏为盈，发展活力明显增强，经济实力明显提升，服务能力明显提高，为促进农业发展、农民增收、农村繁荣做出了重要贡献。经过多年改革发展，供销合作社正在从传统经营方式向现代流通业态转变，从单纯购销业务向综合经营服务转变，从单一供销合作向多领域全面合作转变，成为经营性服务功能充分发挥、公益性服务作用不断体现的新型农村合作经济组织。

◆ 当前供销合作社改革发展的任务包括哪些？

当前，我国改革发展进入关键阶段，农村正在发生深刻变革。发展现代农业，要求供销合作社发挥组织体系完整的优势，积极参与构建新型农业社会化服务体系，推进农业产业化经营，提高农民组织化程度；建设社会主义新农村，要求供销合作社发挥扎根基层的优势，广泛凝聚各类社会资源，大力开展农村社区综合服务，不断提高农民的生活质量；扩大国内需求，要求供销合作社发挥流通网络覆盖城乡的优势，加快推进新农村现代流通服务网络建设，改善农村消费环境，开拓农村市场，促进城乡经济社会统筹发展。

◆ 供销合作社改革发展的总体要求是什么？

新形势下推进供销合作社改革发展，要全面贯彻党的十七大和十七届三中、四中全会精神，以邓小平理论和"三个代表"重要思想为指导，深入贯彻落实科学发展观，坚持为农服务宗旨，坚持社会主义市场经济改革方向，坚持合作制基本原则，大力推进经营创新、组织创新、服务创新，加快构建运转高效、功能完备、城乡并举、工贸并重的农村现代经营服务新体系，努力成为农业社会化服务的骨干力量、农村现代流通的主导力量、农民专业合作的带动力量，真正办成农民的合作经济组织，不断开创中国特色供销合作事业新局面。

◈ 怎样加快推进供销合作社现代流通网络建设？

①加快发展农业生产资料现代经营服务网络；②加快发展农村日用消费品现代经营网络；③加快发展农副产品现代购销网络；④加快发展再生资源回收利用网络。

◈ 怎样加快发展农业生产资料现代经营服务网络？

（1）要依托供销合作社建设一批统一采购、跨地区配送的大型农资企业集团，在粮食主产区和交通枢纽，完善农资仓储物流基础设施，建设区域物流配送中心。

（2）加快推进农资连锁经营，大力发展统一配送、统一价格、统一标识、统一服务的农资放心店。

（3）支持符合条件的供销合作社从事种子、农机具、成品油等商品经营，办好庄稼医院，面向农民开展各种技术服务。

（4）支持供销合作社符合条件的企业，利用现有设施承担化肥、农药等重要物资的国家商业储备、救灾储备任务。

◈ 怎样加快发展农村日用消费品现代经营网络？

就是要支持供销合作社培育壮大日用消费品连锁骨干企业，加快传统经营网络改造升级，加强区域物流配送中心、连锁超市和便利店等农村零售终端建设，逐步形成县有配送中心、乡有超市、村有便利店的连锁经营体系，营造便利实惠、安全放心的消费环境。鼓励供销合作社发挥"一网多用"优势，依法开展家电、图书、药品、烟花爆竹等连锁经营业务。

◈ 加快发展农副产品现代购销网络包括哪些内容？

（1）支持供销合作社开办的农产品批发市场升级改造和功能提升，增强仓储运输、冷链物流能力，建立健全检验检测、资金结算、信息服务系统。

（2）引导供销合作社创新农产品流通方式，推动大型连锁超市与农民专业合作社、生产基地、专业大户等直接建立采购关系，培育品牌产品，降低流通成本，提高流通效率。

（3）支持供销合作社在棉花主产区和主销区建设仓储物流设施，符合条件的企业可以接受政府委托，承担国家棉花储备、进出口等任务。

◈ 怎样加快发展再生资源回收利用网络？

（1）鼓励供销合作社积极参与再生资源回收利用体系建设，规范建设社区和村镇回收网点、专业化分拣中心、区域集散交易市场和综合利用处理基地。

（2）支持供销合作社有条件的企业依法开展废旧家电、报废汽车等回收拆解业务，形成回收、分拣和加工利用一体化经营的再生资源回收利用体系，实现再生资源产业化经营、资源化利用和无害化处理。

◈ 加强供销合作社服务功能包括哪几方面？

加强供销合作社服务功能包括三个方面：①加强专业合作服务；②完善行业协会服务；③强化农村综合服务。

◈ 加强专业合作服务具体包括哪些内容？

（1）要立足当地优势资源和特色产业，利用供销合作社人才、网络、设施等条件，采取多种方式积极领办农民专业合作社。

（2）带动农民专业合作社开展信息、营销、技术、农产品加工储运等服务，推进规模化种养、标准化生产、品牌化经营，提高农产品质量安全水平和市场竞争力。

（3）帮助农民专业合作社开拓市场，开辟合作社产品进超市、进社区、进批发市场的便捷通道。

（4）积极参与农民专业合作社示范社建设，加强人员培训，各级财政根据实际情况，给予必要的经费支持。

◈ **怎样完善行业协会服务**？

就是要加强供销合作社系统行业协会建设，增强服务功能，强化行业自律，反映行业要求，推动行业诚信建设。推进协会内部改革，建立健全规范的运行机制。在农资、棉花、茶叶、果品、食用菌、蜂产品、畜产品、烟花爆竹和再生资源等传统优势领域，重视发挥供销合作社系统行业协会在制定产业政策、行业规划、产品标准等方面的积极作用。

◈ **强化农村综合服务包括哪些内容**？

（1）要按照政府引导、多方参与、整合资源、市场运作原则，支持供销合作社参与建设主体多元、功能完备、便民实用的农村社区综合服务中心。

（2）按照农民生产生活实际需要，进一步拓展服务领域，创新服务方式，在继续搞好农资、农副产品、日用消费品经营基础上，积极开展文体娱乐、养老幼教、劳动就业等服务。

（3）各级政府要制定相关扶持政策，推进公共服务向农村延伸，调动社会各方面力量，共同打造农村社区综合服务平台。

◈ **加强供销合作社组织建设有哪些要求**？

加强供销合作社组织建设有如下要求：①继续加强基层社建设；

②增强联合社的服务功能；③依法维护供销合作社权益。

◆ 继续加强基层社建设包括哪些内容？

基层社是植根农村、贴近农民、强化为农服务的基本环节，只能加强，不能削弱。根据县域经济发展特点和城镇建设规划要求，调整建制，优化布局，改造建设一批辐射带动能力强的基层社。加强基层社民主管理，建立完善社员代表大会制度，引导社员参与基层社经营管理活动，密切与农民社员的经济联系，逐步结成利益共同体。维护供销合作社资产完整性，基层社改制后的剩余资产，由县联合社代为行使所有权和管理权。

◆ 怎样增强联合社的服务功能？

（1）要求各级联合社要认真履行指导、协调、监督、服务、教育培训职能。

（2）推进开放办社，广泛吸纳各类合作经济组织、龙头企业、专业大户，积极组建行业协会、农产品经纪人协会，为农民专业合作搭建服务平台。

（3）强化社有资产监管，切实行使出资人职责，落实资产保值增值责任。

（4）积极探索建立与绩效挂钩的激励约束机制，充分调动管理者和经营者积极性。监督社有企业依法合规经营，督促其完善内部管理、加强风险控制。

（5）建立健全民主管理制度，按期召开社员代表大会，做好换届选举工作。

◈ 依法维护供销合作社权益需要采取什么措施？

各级供销合作社联合社理事会是本级社集体财产和所属企事业单位财产的所有权代表，任何部门和单位不得随意侵占、平调其财产，不得随意改变供销合作社及其所属企事业单位的隶属关系，保持供销合作社组织体系的完整性。各级政府根据实际需要，积极创造条件，将可以由供销合作社承担的任务和职能委托或赋予供销合作社执行。县及县以上联合社在严格核定人员的情况下，所需经费列入同级财政预算。对未参照公务员法管理的联合社机关，由地方政府依据有关法律法规，结合实际制定管理办法。

◈ 积极创新企业经营机制包括哪几方面内容？

积极创新企业经营机制包括如下内容：①推动供销合作社企业参与农业产业化经营；②推进供销合作社企业健全现代企业制度；③做大做强供销合作社企业；④调整优化供销合作社资本布局，促进优势资源向骨干企业集中；⑤妥善解决历史遗留问题；⑥支持发展供销合作事业；⑦加强供销合作社人才队伍建设。

◈ 怎样推动合作社企业参与农业产业化经营？

要求供销合作社具有联系农民、产业众多、熟悉市场的综合优势，有条件的社有企业都要积极参与农业产业化经营。

引导社有企业与农户结成更紧密的利益关系，为生产者提供全方位服务，把更多的利润返还给农民。

依托农民专业合作经济组织，按照标准化生产的规范，加快建立水平较高的优质农产品基地，引导农民发展集约化、规模化生产。

在果品、茶叶、畜产品、蜂产品、食用菌等传统优势领域，加大品牌整合培育力度，加快技术含量和附加值高的产品开发，拓展国内外市场，提升农产品竞争力。

支持社有企业参与国家农业产业化、标准化示范、农业技术研发推广等项目，加大对农业综合开发供销合作社项目的支持力度。

◈ 推进合作社企业健全现代企业制度包括哪些内容？

采取经营者和职工持股、引进社会资本等多种形式，加快推进投资主体多元化，不断健全法人治理结构，完善企业经营机制，提高市场竞争能力。对为农服务的骨干龙头企业，要保持供销合作社控股地位。规范企业改制行为，切实防止社有资产流失。完善企业财务、投资和风险控制机制，加强内部审计监督，提高管理水平。鼓励具备条件的企业在境内外资本市场上市。

◈ 怎样做大做强合作社企业调整优化资本布局？

（1）要推进企业并购重组，加快纵向整合和横向联合，着力在农资、棉花、农副产品、日用消费品、再生资源等领域培育一批主业突出、市场竞争力强、行业影响力大的企业集团，增强供销合作社为农服务实力。

（2）拓展社有企业经营范围和服务领域，促进工农产品双向流通、城乡产业紧密融合。

（3）支持社有企业参与各种市场工程以及农超对接、家电下乡、以旧换新等工作，鼓励社有企业积极利用农村物流服务体系发展专项资金、服务业发展专项资金、中小商贸企业发展专项资金开拓农村市场。

（4）切实加大对供销合作社改革发展的支持力度。

◈ 妥善解决历史遗留问题包括哪些内容？

（1）要对2002年财政部等七部门共同核复的供销合作社系统地方

政策性财务挂账，地方政府要尽快采取有效措施，抓紧落实处理；支持供销合作社多渠道消化经营性财务挂账，有关金融机构加快处置供销合作社拖欠的金融债务。

（2）要尊重历史，注重现实，根据实际使用情况，依照法律、法规和有关政策确定土地权属，加快供销合作社土地登记颁证工作。

（3）供销合作社使用的原国有划拨建设用地，经批准可采取出让、租赁方式处置，收益实行收入和支出分别核算的方法，优先用于支付供销合作社破产和改制企业职工安置费用、改善农村流通基础设施。

（4）抓紧落实相关政策，切实解决好供销合作社企业职工基本养老保险问题。

◈ 怎样支持供销合作社事业的发展？

（1）要抓紧完善新农村现代流通服务网络工程建设规划，扩大实施范围，充实建设内容，中央和省级财政继续加大资金扶持力度。

（2）鼓励供销合作社的企业法人按照市场准入条件参与组建村镇银行，支持供销合作社领办的农民专业合作社开展农村资金互助社和互助合作保险试点工作。银行业金融机构要加强与供销合作社系统企业的业务合作，积极探索发展适合当地农村特点的金融产品和服务方式。

（3）支持供销合作社系统科研机构承担国家科研和农业成果转化项目。

（4）支持供销合作社开展农村信息化网络建设。

（5）支持利用供销合作社教育培训资源，开展农民专业合作社带头人、农产品经纪人、农民技能培训，发展农村中等职业教育。

◆ **加强供销合作社人才队伍建设包括哪些内容?**

健全理事会、监事会机构设置,保持领导班子相对稳定。实行人才兴社战略,大力引进和培养各类经营管理与专业技术人才,积极吸纳高校毕业生,不断优化干部职工知识和年龄结构。大力弘扬供销合作社无私奉献精神,培育造就一支甘于奉献、勇于创新、善于开拓的高素质干部职工队伍。

五、我国的农民专业合作社

◆ 我国《农民专业合作社法》总则包括哪些内容?

通过《农民专业合作社法》可知，它的总则主要包括以下内容：

（1）为了支持、引导农民专业合作社的发展，规范农民专业合作社的组织和行为，保护农民专业合作社及其成员的合法权益，促进农业和农村经济的发展，制定本法。

（2）农民专业合作社是在农村家庭承包经营基础上，同类农产品的生产经营者或者同类农业生产经营服务的提供者、利用者，自愿联合、民主管理的互助性经济组织。农民专业合作社以其成员为主要服务对象，提供农业生产资料的购买，农产品的销售、加工、运输、贮藏以及与农业生产经营有关的技术、信息等服务。

（3）农民专业合作社应当遵循下列原则：①成员以农民为主体；②以服务成员为宗旨，谋求全体成员的共同利益；③入社自愿、退社自由；④成员地位平等，实行民主管理；⑤盈余主要按照成员与农民专业合作社的交易量（额）比例返还。

（4）农民专业合作社依照本法登记，取得法人资格。农民专业合作社对由成员出资、公积金、国家财政直接补助、他人捐赠以及合法取得的其他资产所形成的财产，享有占有、使用和处分的权利，并以上述财产对债务承担责任。

（5）农民专业合作社成员以其账户内记载的出资额和公积金份额为限对农民专业合作社承担责任。

（6）国家保护农民专业合作社及其成员的合法权益，任何单位和个人不得侵犯。

（7）农民专业合作社从事生产经营活动，应当遵守法律、行政法规，遵守社会公德、商业道德，诚实守信。

（8）国家通过财政支持、税收优惠和金融、科技、人才的扶持以及产业政策引导等措施，促进农民专业合作社的发展。国家鼓励和支持社会各方面力量为农民专业合作社提供服务。

（9）县级以上各级人民政府应当组织农业行政主管部门和其他有关部门及有关组织，依照本法规定，依据各自职责，对农民专业合作社的建设和发展给予指导、扶持和服务。

◆ **设立农民专业合作社应当具备哪些条件**？

①有5名以上符合《农民专业合作社法》第十四条、第十五条规定的成员；②有符合《农民专业合作社法》规定的章程；③有符合《农民专业合作社法》规定的组织机构；④有符合法律、行政法规规定的名称和章程确定的住所；⑤有符合章程规定的成员出资。农民专业合作社章程包括哪些事项？

包括如下事项：①名称和场所；②业务范围；③成员资格及入社、退社和除名；④成员的权利和义务；⑤组织机构及其产生办法、职权、任期、议事规则；⑥成员的出资方式、出资额；⑦财务管理和盈余分配、亏损处理；⑧章程修改程序；⑨解散事由和清算办法；⑩公告事项及发布方式；⑪需要规定的其他事项。

◈ 设立农民专业合作社应向工商部门提交哪些文件？

①登记申请书；②全体设立人签名、盖章的设立大会纪要；③全体设立人签名、盖章的章程；④法定代表人、理事的任职文件及身份证明；⑤出资成员签名、盖章的出资清单；⑥住所使用证明；⑦法律、行政法规规定的其他文件。

登记机关应当自受理登记申请之日起 20 日内办理完毕，向符合登记条件的申请者颁发营业执照。

农民专业合作社法定登记事项变更的，应当申请变更登记。

农民专业合作社登记办法由国务院规定。办理登记不得收取费用。

◈ 具备哪些条件才能成为农民专业合作社的成员？

具有民事行为能力的公民，以及从事与农民专业合作社业务直接有关的生产经营活动的企业、事业单位或者社会团体，能够利用农民专业合作社提供的服务，承认并遵守农民专业合作社章程，履行章程规定的入社手续的，可以成为农民专业合作社的成员。但是，具有管理公共事务职能的单位不得加入农民专业合作社。农民专业合作社应当置备成员名册，并报登记机关。

农民专业合作社的成员中，农民至少应当占成员总数的80%。成员总数 20 人以下的，可以有一个企业、事业单位或者社会团体成员；成员总数超过 20 人的，企业、事业单位和社会团体成员不得超过成员总数的 5%。

◈ 农民专业合作社成员享有哪些权利？

（1）参加成员大会，并享有表决权、选举权和被选举权，按照章程规定对本社实行民主管理。

（2）利用本社提供的服务和生产经营设施。

（3）按照章程规定或者成员大会决议分享盈余。

（4）查阅本社的章程、成员名册、成员大会或者成员代表大会记录、理事会会议决议、监事会会议决议、财务会计报告和会计账簿。

（5）章程规定的其他权利。

◆ **如何进行农民专业合作社大会的选举和表决**？

农民专业合作社成员大会选举和表决实行 1 人 1 票制，成员各享有 1 票的基本表决权。

出资额或者与本社交易量（额）较大的成员按照章程规定，可以享有附加表决权。本社的附加表决权总票数，不得超过本社成员基本表决权总票数的 20%。享有附加表决权的成员及其享有的附加表决权数，应当在每次成员大会召开时告知出席会议的成员。

章程可以限制附加表决权行使的范围。

◆ **农民专业合作社成员需要承担哪些义务**？

①执行成员大会、成员代表大会和理事会的决议；②按照章程规定向本社出资；③按照章程规定与本社进行交易；④按照章程规定承担亏损；⑤章程规定的其他义务。

◆ **农民专业合作社成员怎样退社**？

应当在财务年度终了的 3 个月前向理事长或者理事会提出；其中，企业、事业单位或者社会团体成员退社，应当在财务年度终了的 6 个月前提出；章程另有规定的，从其规定。退社成员的成员资格自财务年度终了时终止。

成员在其资格终止前与农民专业合作社已订立的合同，应当继续履行；章程另有规定或者与本社另有约定的除外。

成员资格终止的，农民专业合作社应当按照章程规定的方式和期限，退还记载在该成员账户内的出资额和公积金份额；对成员资格终止前的可分配盈余，按前项规定返还后的剩余部分，以成员账户中记载的出资额和公积金份额，以及本社接受国家财政直接补助和他人捐赠形成的财产平均量化到成员的份额，按比例分配给本社成员。

资格终止的成员应当按照章程规定分摊资格终止前本社的亏损及债务。

◆ 哪些职权由农民专业合作社成员大会行使？

农民专业合作社成员大会由全体成员组成，是本社的权力机构，行使下列职权：①修改章程；②选举和罢免理事长、理事、执行监事或者监事会成员；③决定重大财产处置、对外投资、对外担保和生产经营活动中的其他重大事项；④批准年度业务报告、盈余分配方案、亏损处理方案；⑤对合并、分立、解散、清算做出决议；⑥决定聘用经营管理人员和专业技术人员的数量、资格和任期；⑦听取理事长或者理事会关于成员变动情况的报告；⑧章程规定的其他职权。

◆ 农民专业合作社召开成员大会有什么具体规定？

农民专业合作社召开成员大会，出席人数应当达到成员总数 2/3 以上。

成员大会选举或者做出决议，应当由本社成员表决权总数过半数通过；做出修改章程或者合并、分立、解散的决议应当由本社成员表决权总数的 2/3 以上通过。章程对表决权数有较高规定的，从其规定。

农民专业合作社成员大会每年至少召开 1 次，会议的召集由章程规定。有下列情形之一的，应当在 20 日内召开临时成员大会：① 30% 以上的成员提议；②执行监事或者监事会提议；③章程规定的其他情形。

◆ 农民专业合作社成员太多，开会、管理不方便怎么办？

农民专业合作社成员超过 150 人的，可以按照章程规定设立成员代表大会。成员代表大会按照章程规定可以行使成员大会的部分或者全部职权。

农民专业合作社设理事长 1 名，可以设理事会。理事长为本社的法定代表人。农民专业合作社可以设执行监事或者监事会。理事长、理事、经理和财务会计人员不得兼任监事。理事长、理事、执行监事或者监事会成员，由成员大会从本社成员中举产生，依照本法和章程的规定行使职权，对成员大会负责。理事会会议、监事会会议的表决，实行 1 人 1 票。农民专业合作社的成员大会、理事会、监事会，应当将所议事项的决定做成会议记录，出席会议的成员、理事、监事应当在会议记录上签名。

农民专业合作社的理事长或者理事会可以按照成员大会的决定聘任经理和财务会计人员，理事长或者理事可以兼任经理。经理按照章程规定或者理事会的决定，可以聘任其他人员。经理按照章程规定和理事长或者理事会授权，负责具体生产经营活动。

◈ 作为合作社的管理人员不得有哪些行为？

①侵占、挪用或者私分本社资产；②违反章程规定或者未经成员大会同意，将本社资金借贷给他人或者以本社资产为他人提供担保；③接受他人与本社交易的佣金归为己有；④从事损害本社经济利益的其他活动。

理事长、理事和管理人员违反前款规定所得的收入，应当归本社所有；给本社造成损失的，应当承担赔偿责任。

农民专业合作社的理事长、理事、经理不得兼任业务性质相同的其他农民专业合作社的理事长、理事、监事、经理。

执行与农民专业合作社业务有关公务的人员，不得担任农民专业合作社的理事长、理事、监事、经理或者财务会计人员。

◈ 农民专业合作社财务管理有哪些规定？

国务院财政部门依照国家有关法律、行政法规，制定农民专业合作社财务会计制度。农民专业合作社应当按照国务院财政部门制定的财务会计制度进行会计核算。

农民专业合作社的理事长或者理事会应当按照章程规定，组织编制年度业务报告、盈余分配方案、亏损处理方案以及财务会计报告，于成员大会召开15日前，置备于办公地点，供成员查阅。

农民专业合作社与其成员的交易、与利用其提供的服务的非成员的交易，应当分别核算。

农民专业合作社可以按照章程规定或者成员大会决议从当年盈余中提取公积金。公积金用于弥补亏损、扩大生产经营或者转为成员出资。

设立执行监事或者监事会的农民专业合作社，由执行监事或者监事会负责对本社的财务进行内部审计，审计结果应当向成员大会报告。

成员大会也可以委托审计机构对本社的财务进行审计。

◈ **农民专业合作社每年提取的公积金在财务上是怎么处理的**？

每年提取的公积金按照章程规定量化为每个成员的份额。

农民专业合作社应当为每个成员设立成员账户，主要记载下列内容：①该成员的出资额；②量化为该成员的公积金份额；③该成员与本社的交易量（额）。

在弥补亏损、提取公积金后的当年盈余，为农民专业合作社的可分配盈余。

可分配盈余按照下列规定返还或者分配给成员，具体分配办法按照章程规定或者经成员大会决议确定：①按成员与本社的交易量（额）比例返还，返还总额不得低于可分配盈余的60%。②按前项规定返还后的剩余部分，以成员账户中记载的出资额和公积金份额，以及本社接受国家财政直接补助和他人捐赠形成的财产平均量化到成员的份额，按比例分配给本社成员。

◈ **农民专业合作社的合并、分立有哪些规定**？

农民专业合作社合并，应当自合并决议做出之日起10日内通知债权人。合并各方的债权、债务应当由合并后存续或者新设的组织承继。

农民专业合作社分立，其财产做相应的分割，并应当自分立决议做出之日起10日内通知债权人。分立前的债务由分立后的组织承担连带责任。但是，在分立前与债权人就债务清偿达成的书面协议另有约定的除外。

◈ **怎样进行农民专业合作社的解散和清算**？

农民专业合作社因下列原因解散：①章程规定的解散事由出现；②成员大会决议解散；③因合并或者分立需要解散；④依法被吊销营业执照或者被撤销。

因前款第一项、第二项、第四项原因解散的，应当在解散事由出现之日起 15 日内由成员大会推举成员组成清算组，开始解散清算。逾期不能组成清算组的，成员、债权人可以向人民法院申请指定成员组成清算组进行清算，人民法院应当受理该申请，并及时指定成员组成清算组进行清算。

清算组自成立之日起接管农民专业合作社，负责处理与清算有关未了结业务，清理财产和债权、债务，分配清偿债务后的剩余财产，代表农民专业合作社参与诉讼、仲裁或者其他法律程序，并在清算结束时办理注销登记。

清算组应当自成立之日起 10 日内通知农民专业合作社成员和债权人，并于 60 日内在报纸上公告。债权人应当自接到通知之日起 30 日内，未接到通知的自公告之日起 45 日内，向清算组申报债权。如果在规定期间内全部成员、债权人均已收到通知，则免除清算组的公告义务。

债权人申报债权，应当说明债权的有关事项，并提供证明材料。清算组应当对债权进行登记。

在申报债权期间，清算组不得对债权人进行清偿。农民专业合作社因前款第一项原因解散，或者人民法院受理破产申请时，不能办理成员退社手续。清算组负责制定包括清偿农民专业合作社员工的工资及社会保险费用，清偿所欠税款和其他各项债务，以及分配剩余财产在内的清算方案，经成员大会通过或者申请人民法院确认后实施。清算组发现农民专业合作社的财产不足以清偿债务的，应当依法向人民法院申请破产。农民专业合作社接受国家财政直接补助形成的财产，在解散、破产清算时，不得作为可分配剩余资产分配给成员，处置办法由国务院规定。农民专业合作社破产适用企业破产法的有关规定。但是，破产财产在清偿破产费用和共有债务后，应当优先清偿破产前与农民成员已发生交易但尚未结清的款项。

清算组成员应当忠于职守，依法履行清算义务，因故意或者重大过失给农民专业合作社成员及债权人造成损失的，应当承担赔偿责任。

◈ 国家对农民专业合作社有哪些扶持政策？

国家支持发展农业和农村经济的建设项目，可以委托和安排有条件的有关农民专业合作社实施。

中央和地方财政应当分别安排资金，支持农民专业合作社开展信息、培训、农产品质量标准与认证、农业生产基础设施建设、市场营销和技术推广等服务。对民族地区、边远地区和贫困地区的农民专业合作社和生产国家与社会急需的重要农产品的农民专业合作社给予优先扶持。

国家政策性金融机构应当采取多种形式，为农民专业合作社提供多渠道的资金支持。具体支持政策由国务院规定。国家鼓励商业性金融机构采取多种形式，为农民专业合作社提供金融服务。农民专业合作社享受国家规定的对农业生产、加工、流通、服务和其他涉农经济活动相应的税收优惠。支持农民专业合作社发展的其他税收优惠政策，由国务院规定。

◈ 农民专业合作社应承担哪些法律责任？

农民专业合作社向登记机关提供虚假登记材料或者采取其他欺诈手段取得登记的，由登记机关责令改正；情节严重的，撤销登记。

农民专业合作社在依法向有关主管部门提供的财务报告等材料中，做虚假记载或者隐瞒重要事实的，依法追究法律责任。

侵占、挪用、截留、私分或者以其他方式侵犯农民专业合作社及其成员的合法财产，非法干预农民专业合作社及其成员的生产经营活动，向农民专业合作社及其成员摊派，强迫农民专业合作社及其成员接受有偿服务，造成农民专业合作社经济损失的，依法追究法律责任。

六、我国农产品市场协会和经纪人网络业务工作平台建设

◈ **中国农产品市场协会是什么样的组织**?

中国农产品市场协会是 2002 年 6 月经中华人民共和国民政部批准成立的全国性社会团体法人。协会现有会员单位 748 个,都是具有全国或区域性影响的大型农产品批发市场。

◈ **中国农产品市场协会主要功能有哪些**?

(1)发挥桥梁和纽带作用。当好政府部门的参谋和助手,帮助、督促农产品市场贯彻国家的方针政策,及时向政府部门反映市场行业发展遇到的困难和问题,并就一些共性问题进行调查研究,提出有关政策建议和意见。

(2)组织同行业交流。组织会员就市场规划与建设、体制改革、经营管理等问题交流、研讨与合作,组织推广先进的管理模式。

(3)人才培训与开发。组织开展市场管理人员的业务技术培训,根据需要举办不同层次的培训、研讨活动,提高队伍素质。

（4）国际交流与合作。积极开展与国际农产品市场协会及有关国家的交流与合作，组织市场管理人员赴有关国家考察、学习农产品市场流通建设与营销管理的先进经验与做法。

（5）名优农产品展览。以大型农产品批发市场为依托，组织名优农产品及加工新技术、新成果展示展览，帮助会员开拓市场。

（6）建立全国农民经纪人联系网。以农产品市场为支撑，为从事农产品流通营销大户、中介服务组织等农民经纪人（农户、合作组织、企业等）搭建一个相互联系沟通、磋商合作、交流经验、洽谈贸易的网络平台，根据需要举办农民经纪人知识、技术和管理培训班，在政府部门领导下开展"评优选强"活动，以提高经纪人队伍的整体素质。

（7）维护会员合法权益。就市场行业负担与损害等问题展开调查，为会员排忧解难；对会员共同关心的一些问题进行协调，视情况做出共同的约定或承诺，维护市场行业的整体利益。

◆ 农产品流通经纪人协会的宗旨是什么？

为了加快农产品经纪人协会的体系建设，促进各级协会的紧密合作，中国农产品流通经纪人协会根据行业发展的需要，决定开展农产品流通信息网络建设，以期为农产品经纪人协会及会员搭建专业化的网络工作平台。为此，开办了以各级协会及广大农产品经纪人为主要服务对象的业务网站"谷雨网（www.guyu.cn）"。经过一年的调试运行，谷雨网的定位及服务功能已基本确定。在全国农产品经纪人协会第二次工作会议上，又进一步明确谷雨网建设要坚持服务"三农"、服务各级协会和广大农产品经纪人的办网宗旨，充分体现行业特点，满足行业应用需求。同时，谷雨网建设要符合全国农产品经纪人协会体系建设的需要，以全行业的共同参与、共同发展为基础，加强与各级协会的合作，开展网络体系化建设，从而把谷雨网建设成为一个能够服务并满足农产品经纪人及各级协会工作需要的专业性门户网站。

◈ **谷雨网是干什么的？**

谷雨网（www.guyu.cn）是中国农产品流通经纪人协会主办的服务于广大农产品经纪人和"三农"的门户网站，也是各级协会及广大农产品经纪人共享、公用的业务平台。

◈ **谷雨网建设的指导思想是什么？**

（1）面向协会，服务"三农"。谷雨网的服务对象主要是各级协会、广大农产品经纪人、农民专业合作社以及其他与农产品流通相关的组织；基本任务就是要为农产品经纪人获取和发布各类信息提供服务，为农产品经纪人开展电子商务和网上交易提供支持，为农产品经纪人展示自身形象、获取法律服务以及其他需求提供帮助。

（2）立足行业，服务行业。根据国务院、全国供销合作总社有关行业协会改革发展的意见，以及全国性协会与地方协会联合发展的原则要求，谷雨网将把各级协会组织的网络体系及农产品经纪人业务平台作为建设重点，为各级协会、供销合作社开展工作交流、拓展市场服务创造条件；为农产品经纪人会员和农民专业合作社展示自身形象、推介营销产品、开展产品市场对接提供便利，以期使农产品经纪服务适应现代市场经济和农业社会化进程的需要。

◈ **农产品流通经纪人协会有哪些具体目标？**

（1）加快谷雨网网络体系建设，尽快建成农产品经纪人的网络业务工作平台。

（2）建立农产品经纪人数据库及快速查询系统，为农产品经纪人提供切实有效的服务。

（3）建设中国农产品博览与交易平台，为农产品经纪人和专业合作社开展农产品交易提供有效支持。

◈ 怎样加快农产品经纪人网络业务的发展？

谷雨网体系建设，就是要以各地农产品经纪人的共同参与及互动联合为基础，争取在 1～2 年的时间内，建成以谷雨网总站、地方谷雨网分站、农产品经纪人和专业合作社专题网页为主要架构的农产品经纪业务网络系统，使之成为各级协会共建、共享、共益的业务平台，成为农产品经纪人开展业务交流、获取市场信息、展示自身形象、实施市场对接的有效工具。

谷雨网体系建设是协会的一项长期性的战略任务，也是服务广大农产品经纪人的一项基础性工作。为推动谷雨网体系建设和地方协会网络平台的建设，协会设立了信息网络工作部，专门负责谷雨网体系建设工作。同时，为了鼓励和支持各级协会参与谷雨网体系建设，协会将提供必要的帮助，并在网络建设、电信支持等方面提供无偿服务。

◈ 怎样为农产品经纪人提供切实有效的服务？

根据农产品经纪人开展业务的需要以及协会关于农产品经纪人诚信体系建设的要求，谷雨网开发了能够全面反映农产品经纪人现状及其业务的专业数据库检索系统。该数据库主要采集农产品经纪人的基本情况、主营业务、主打产品、领办或者加入的经纪和合作经济组织、对外业务联系等信息。在此基础上，谷雨网将为每一个农产品经纪人制作独立的网络页面，供农产品经纪人对外联系业务使用。

农产品经纪人查询系统除了展示农产品经纪人的基本情况外，还将为农产品经纪人在互联网上推介产品、宣传业务提供便利，使每一个农产品经纪人都能为社会所认知，都有对外宣传和展示的途径和平台。协会计划、农产品经纪人专业数据库及查询系统建设工作要在 2010 年初具规模，以期成为全面展示行业整体风貌的窗口，成为全行业最具公信力的查询体系。

◈ 谷雨网对农产品经纪人开展农产品交易提供了哪些帮助？

为了给农产品经纪人和农民专业合作社展示及销售农产品提供一个便捷的、经济的、长久性的业务平台，同时也为了给各级协会开展会员服务工作、推介专业合作经济组织提供有效工具，谷雨网已经开发了中国农产品博览与交易平台。该平台既可以发布农产品图文信息、项目及投资信息、产品营销办法、购销价格等，也可以用来进行交易撮合、发布生产经营单位的基本信息。

为方便农产品经纪人运用网络工具，谷雨网预置了网站编辑发布和用户自助发布两种展示农产品相关信息的方法。广大农产品经纪人既可以将农产品信息和资料通过电子邮件上传给谷雨网服务中心，由谷雨网进行编辑并及时予以发布，也可以直接在谷雨网上登记注册，然后按照预定版式，填写相关资料，自动生成相关展示页面。

◈ 有什么新计划促进谷雨网体系建设？

为尽快推进并实现谷雨网体系建设的上述目标，促进各级协会工作的迅速发展，开创协会工作的新局面，中国农产品流通经纪人协会信息部制订了《农产品经纪人业务平台及谷雨网体系建设计划》和《农产品经纪人数据库及查询系统建设方案》。

◈ 农产品流通经纪人协会做了哪几方面的工作要求？

（1）要求各省、自治区、直辖市农产品经纪人协会推荐并确定本地区 3～5 家地方协会作为第一批协会网站建设单位，并于 2010 年 7 月 10 日前将名单报送协会信息网络工作部。未成立省级协会的地方，可以通过省级供销社与协会联系，也可以由市、县农产品经纪人协会直接与协会联系。协会在汇总研究后，将尽快安排第一批协会网站的建设工作，并优先考虑各级协会的理事单位。

（2）要求各省、自治区、直辖市农产品经纪人协会做好组织工作，部署并督促本地区各农产品经纪人协会于 2010 年 8 月 1 日前完成各协会在册农产品经纪人基础数据材料的整理和登记工作，并将相关资料上报总会信息网络工作部，或者通知各市、县农产品经纪人协会将相关资料上报总会。

（3）要求各省、自治区、直辖市农产品经纪人协会在组织落实网络体系及农产品经纪人数据库建设工作中，注意收集并汇总各地对此项工作的意见和建议。协会将在 2010 年下半年适当时候召开信息建设工作会议，进一步总结和研究网络体系及农产品经纪人数据建设中的相关问题。同时，协会将结合农产品经纪人培训工作，开展必要的技术培训与服务，支持各地开展信息网络建设工作，并将此项工作作为全国优秀农产品经纪人协会评选的重要内容之一。

◆ 农产品经纪人业务平台建设包括哪些内容？

以各级协会建设及互动联合为基础，争取在较短时间内，建成以谷雨网总站、地方谷雨网分站、农产品经纪人和专业合作社专题网页为主要构架的农产品经纪业务网络系统，争取在全行业实现网络化。通过互通互联，使各级协会及其会员成为集资源、信息、业务共享的整体。

（1）完善谷雨网的内容和功能。农产品流通经纪人协会已组建信息网络工作机构，专门实施谷雨网体系建设，负责与各地的联系。同时，谷雨网将进一步完善各种功能设计，在提供和发布各种专业资讯的同时，尽可能满足农产品经纪人自助发布农产品生产及交易信息的需求，提升网络的应用性及互动性功能。在条件成熟时，谷雨网将开通手机短信及手机报服务。

（2）建设各级协会主办的地方谷雨网站。地方谷雨网享有独立域名，既可以通过谷雨网进入，也可以在互联网上直接点击该域名进入。地方谷雨网主要用以发布当地农产品生产及流通信息，介绍当地协会工作及活动，推介当地企业和产品，开展各级协会之间的横向联系。地方谷雨网的内容将同时转载于谷雨网各主要界面，以扩大传播范围及影响力。

（3）制作农产品经纪人和农民专业合作社专用网页。谷雨网将制作适合于农产品经纪人和农民专业合作社的专用网页，发布于谷雨网体系的相关资讯频道，从而使农产品经纪人和农民专业合作社可以通过便捷、经济的方式，分享现代互联网的信息资源，拥有发布农产品供求信息、拓展贸易、开展宣传活动的有效工具。

◆ 谷雨网体系建设的内容是什么？

谷雨网体系将重点建设如下专业频道，力求成为农产品经纪人获取资讯、开展业务的应用性功能平台：

（1）办好"三农"资讯平台，为农产品经纪人提供信息服务。

（2）完善农产品经纪人业务工作平台，为各级协会和农产品经纪人开展业务交流活动提供支持与服务。

（3）办好农产品博览与交易平台，为农产品经纪人开展农产品购销提供便利。

（4）建设涉农法律服务中心，为农产品经纪人提供法律服务。

（5）建设农产品溯源系统，为农产品经纪人提升农产品流通水平提供技术支持。

◆ 如何办好谷雨网"三农"资讯平台？

谷雨网"三农"资讯中心主要报道有关"三农"的综合资讯和协会工作动态，传递有关政策、法规、市场、经营信息，为广大农产品经纪人搭建连接城乡、连接各地的信息桥梁。除了编发有关"三农"以及反映各级协会、农产品经纪人的信息之外，谷雨网将逐步积累并编制各类专业资讯，形成以各种农产品、农业技术、农业经营行为、专业合作经济组织为主线的专题及年度报告，力求使之成为"三农"资讯和知识的博览库。

◆ 如何完善农产品经纪人业务工作平台？

谷雨网农产品流通经纪人协会工作平台主要用于各级协会及农产品经纪人发布业务信息、实施经验交流、互相建立联系。主要内容有：

（1）建设地方协会的网络工作平台，实现各级协会的网上办公及互动联系，同时也为专业合作社、农产品经纪人利用互联网开展业务活动提供网络工具。

（2）建设各级协会、农产品经纪人、专业合作社、质量检验、认证等机构的数据库，为社会及农产品经纪人提供公共数据查询服务。

（3）设置农产品经纪人开展网上互动交流的博客、社区及论坛等专业工具，满足不同区域、不同专业的农产品经纪人相互沟通的需求，建立稳定、长期的交流与合作关系。

（4）提供农产品经纪人培训服务。

◆ 如何办好农产品博览与交易平台？

农产品博览与交易平台是农产品经纪人和各种农业生产经营组织展销农产品、开展电子交易的业务平台，是一个随时随地发挥作用的博览会和交易市场。通过该平台，农产品经纪人和专业合作社可以长期展示各种农产品，发布或获取农产品交易信息，开展农产品的网络推广与销售。

◈ **如何建设涉农法律服务中心**？

谷雨网三农法律服务中心将以律师事务所作为法律服务支持单位，介绍有关法律法规及法治新闻，提供法律咨询及合同审查服务，并对大宗农产品交易提供尽职调查和提存见证服务。服务中心可以随时受理农产品经纪人通过网络提出的问题，将无偿提供法律问题解答、咨询、基础法律文书审查等服务。

◈ **如何建设农产品溯源系统**？

农产品溯源就是从农产品源头到消费终端之间，建立起来的一整套可供识别的防伪信息验证查询系统。该系统采用先进技术，具有信息储备量大、唯一性、可追溯和一次性使用的特点。该系统建设先从优质农副土特产品、农产品深加工产品的生产加工企业或者专业合作社入手，根据需求，为其编制可以记载生产、加工、质量、使用说明等信息系统，并提供相应服务。

◈ **谷雨网体系建设的服务措施有哪些**？

谷雨网体系建设将执行统一的服务规范，同时尽量考虑各级协会的特色性要求。凡各级协会参与谷雨网体系建设的，谷雨信息网络工作机构将提供以下服务：

（1）为各级协会建立网络信息平台做好服务工作。在硬件上，谷雨网将预留网络技术资源和接口，做好各级协会的后台数据库及信息硬软环境的支撑。在网络平台上，将为各地方谷雨网分站预先申请域名，配置专用邮箱，并在必要时开展技术辅导和培训。

（2）谷雨网将无偿承担各地方谷雨网分站的网络设计、后台技术支持及相关的电信服务，协助各地办好网络服务平台，使各地方谷雨网分站既可以成为独立点击进入的子网站，又可以在内容及功能上与谷雨网形成互动互联。

（3）负责各地方谷雨网的日常运行维护及网络安全监管。通过为各级协会提供的专用信箱，实时接收各地提供的农产品生产、市场供求、组织活动、人物风采等资料、图片，并随时进行加工、编辑、发布和更新。

（4）实施各地方谷雨网资讯的推广宣传，使各地方谷雨网及地方资讯能够以新闻、专题、报道等形式体现在谷雨网相关频道主界面，从而提升地方谷雨网的传播范围。

（5）制作各地方谷雨网推荐的农产品经纪人大户和农民专业合作社的专题网页，使农产品经纪人大户和农民专业合作社在互联网上拥有信息发布窗口。

（6）谷雨网将在开展公益性服务的同时，与各级协会共同探索谷雨网体系运营的具体方案。要坚持与各地方谷雨网共同发展、共享收益的原则，凡是谷雨网在与各级协会合作开展服务活动时所形成的收益，原则上主要向地方协会倾斜。

◈ 各地参与谷雨网体系建设的具体工作方式是什么？

（1）凡参与第一批谷雨网体系建设的地方协会，要以电话或书面方式与农产品流通经纪人协会信息网络工作部进行联系，确认建设地方谷雨网的意向，以便协会统一安排工作进度。

（2）农产品流通经纪人协会信息网络工作部收到各级协会的确认后，将指派专人与各级协会联系，研究确定地方谷雨网建设的具体方案，设计地方谷雨网的网络模板及界面。

（3）建设方案确定后，谷雨网将向各级协会提供《谷雨网体系建设网络服务协议书》，确定谷雨网提供无偿服务的具体内容以及地方谷雨网运行维护的具体责任及相关的权利义务。

（4）建设方案确定后，谷雨网将在30日内完成地方谷雨网的制作、技术支持及电信服务支持。各级协会应根据网络建设的需要，同期完成地方谷雨网所需要的资料、信息及图片的准备工作，并及时提交农产品流通经纪人协会信息网络工作部。

（5）地方谷雨网开通后，地方协会可以指派专人负责地方谷雨网的维护工作，总协会信息网络工作部将负责提供相关培训服务。地方协会也可以委托总协会信息网络工作部代为开展地方谷雨网的维护，信息网络工作部将指派专人并开设专用邮箱，用以接收地方协会传送的信息，并及时予以编辑更新。

七、中华人民共和国农产品质量安全法

◆ **《农产品质量安全法》总则包括哪些内容?**

根据《农产品质量安全法》，它的总则主要包括以下内容：

（1）为保障农产品质量安全，维护公众健康，促进农业和农村经济发展，制定本法。

（2）本法所称农产品，是指来源于农业的初级产品，即在农业活动中获得的植物、动物、微生物及其产品。本法所称农产品质量安全，是指农产品质量符合保障人的健康、安全的要求。

（3）县级以上人民政府农业行政主管部门负责农产品质量安全的监督管理工作；县级以上人民政府有关部门按照职责分工，负责农产品质量安全的有关工作。

（4）县级以上人民政府应当将农产品质量安全管理工作纳入本级国民经济和社会发展规划，并安排农产品质量安全经费，用于开展农产品质量安全工作。

（5）县级以上地方人民政府统一领导、协调本行政区域内的农产品质量安全工作，并采取措施，建立健全农产品质量安全服务体系，提高农产品质量安全水平。

（6）国务院农业行政主管部门应当设立由有关方面专家组成的农产品质量安全风险评估专家委员会，对可能影响农产品质量安全的潜在危害进行风险分析和评估。国务院农业行政主管部门应当根据农产品质量安全风险评估结果采取相应的管理措施，并将农产品质量安全风险评估结果及时通报国务院有关部门。

（7）国务院农业行政主管部门和省、自治区、直辖市人民政府农业行政主管部门应当按照职责权限，发布有关农产品质量安全状况信息。

（8）国家引导、推广农产品标准化生产，鼓励和支持生产优质农产品，禁止生产、销售不符合国家规定的农产品质量安全标准的农产品。

（9）国家支持农产品质量安全科学技术研究，推行科学的质量安全管理方法，推广先进安全的生产技术。

（10）各级人民政府及有关部门应当加强农产品质量安全知识的宣传，提高公众的农产品质量安全意识，引导农产品生产者、销售者加强质量安全管理，保障农产品消费安全。

◆ **《农产品质量安全法》对农产品质量安全标准的制定有哪些规定？**

（1）由国家建立健全农产品质量安全标准体系。农产品质量安全标准是强制性的技术规范。农产品质量安全标准的制定和发布，依照有关法律、行政法规的规定执行。

（2）制定农产品质量安全标准应当充分考虑农产品质量安全风险评估结果，并听取农产品生产者、销售者和消费者的意见，保障消费安全。

（3）农产品质量安全标准应当根据科学技术发展水平以及农产品质量安全的需要，及时修订。

（4）农产品质量安全标准由农业行政主管部门商同有关部门组织实施。

◈ **《农产品质量安全法》关于农产品产地的规定有哪些**？

（1）县级以上地方人民政府农业行政主管部门按照保障农产品质量安全的要求，根据农产品品种特性和生产区域大气、土壤、水体中有毒有害物质状况等因素，认为不适宜特定农产品生产的，提出禁止生产的区域，报本级人民政府批准后公布。具体办法由国务院农业行政主管部门商同国务院环境保护行政主管部门制定。农产品禁止生产区域的调整，依照前款规定的程序办理。

（2）县级以上人民政府应当采取措施，加强农产品基地建设，改善农产品的生产条件。县级以上人民政府农业行政主管部门应当采取措施，推进保障农产品质量安全的标准化生产综合示范区、示范农场、养殖小区和无规定动植物疫病区的建设。

（3）禁止在有毒有害物质超过规定标准的区域生产、捕捞、采集食用农产品和建立农产品生产基地。

（4）禁止违反法律、法规向农产品产地排放或者倾倒废水、废气、固体废物或者其他有毒有害物质。农业生产用水和用作肥料的固体物，应当符合国家规定的标准。

（5）农产品生产者应当合理使用化肥、农药、兽药、农用薄膜等化工产品，防止对农产品产地造成污染。

◈ **《农产品质量安全法》关于农产品生产有哪些规定**？

（1）国务院农业行政主管部门和省、自治区、直辖市人民政府农业行政主管部门应当制定保障农产品质量安全的生产技术要求和操作规程。县级以上人民政府农业行政主管部门应当加强对农产品生产的指导。

（2）对可能影响农产品质量安全的农药、兽药、饲料和饲料添加剂、肥料、兽医器械，依照有关法律、行政法规的规定实行许可制度。国务院农业行政主管部门和省、自治区、直辖市人民政府农业行政主管部门应当定期对可能危及农产品质量安全的农药、兽药、饲料和饲料添加剂、肥料等农业投入品进行监督抽查，并公布抽查结果。

（3）县级以上人民政府农业行政主管部门应当加强对农业投入品使用的管理和指导，建立健全农业投入品的安全使用制度。

（4）农业科研教育机构和农业技术推广机构应当加强对农产品生产者质量安全知识和技能的培训。

（5）农产品生产企业和农民专业合作经济组织应当建立农产品生产记录。

（6）农产品生产者应当按照法律、行政法规和国务院农业行政主管部门的规定，合理使用农业投入品，严格执行农业投入品使用安全间隔期或者休药期的规定，防止危及农产品质量安全。禁止在农产品生产过程中使用国家明令禁止使用的农业投入品。

（7）农产品生产企业和农民专业合作经济组织，应当自行或者委托检测机构对农产品质量安全状况进行检测。经检测不符合农产品质量安全标准的农产品，不得销售。

（8）农民专业合作经济组织和农产品行业协会对其成员应当及时提供生产技术服务，建立农产品质量安全管理制度，健全农产品质量安全控制体系，加强自律管理。

◈ 农产品生产记录应记载哪些内容？

应如实记载下列事项：①使用农业投入品的名称、来源、用法、用量和使用、停用的日期；②动物疫病、植物病虫草害的发生和防治情况；

③收获、屠宰或者捕捞的日期。

农产品生产记录应当保存 2 年。禁止伪造农产品生产记录。国家鼓励其他农产品生产者建立农产品生产记录。

◈ 农产品包装和标识有哪些规定？

（1）农产品生产企业、农民专业合作经济组织以及从事农产品收购的单位或者个人销售的农产品，按照规定应当包装或者附加标识的，须经包装或者附加标识后方可销售。包装物或者标识上应当按照规定标明产品的品名、产地、生产者、生产日期、保质期、产品质量等级等内容；使用添加剂的，还应当按照规定标明添加剂的名称。具体办法由国务院农业行政主管部门制定。

（2）农产品在包装、保鲜、储存、运输中所使用的保鲜剂、防腐剂、添加剂等材料，应当符合国家有关强制性的技术规范。

（3）属于农业转基因生物的农产品，应当按照农业转基因生物安全管理的有关规定进行标识。

（4）依法需要实施检疫的动植物及其产品，应当附具检疫合格标志、检疫合格证明。

（5）销售的农产品必须符合农产品质量安全标准，生产者可以申请使用无公害农产品标志。农产品质量符合国家规定的有关优质农产品标准的，生产者可以申请使用相应的农产品质量标志。禁止冒用前款规定的农产品质量标志。

◈ 农产品在什么情形下不得销售？

①含有国家禁止使用的农药、兽药或者其他化学物质的；②农药、兽药等化学物质残留或者含有的重金属等有毒有害物质不符合农产品质量安全标准的；③含有的致病性寄生虫、微生物或者生物毒素不符合农

产品质量安全标准的；④使用的保鲜剂、防腐剂、添加剂等材料不符合国家有关强制性的技术规范的；⑤其他不符合农产品质量安全标准的。

◈ 国家如何监测农产品质量安全？

县级以上人民政府农业行政主管部门应当按照保障农产品质量安全的要求，制定并组织实施农产品质量安全监测计划，对生产中或者市场上销售的农产品进行监督抽查。监督抽查结果由国务院农业行政主管部门或者省、自治区、直辖市人民政府农业行政主管部门按照权限予以公布。监督抽查检测应当委托符合规定条件的农产品质量安全检测机构进行，不得向被抽查人收取费用，抽取的样品不得超过国务院农业行政主管部门规定的数量。上级农业行政主管部门监督抽查的农产品，下级农业行政主管部门不得另行重复抽查。

农产品质量安全检测应当充分利用现有的符合条件的检测机构。从事农产品质量安全检测的机构，必须具备相应的检测条件和能力，由省级以上人民政府农业行政主管部门或者其授权的部门考核合格。具体办法由国务院农业行政主管部门制定。农产品质量安全检测机构应当依法经计量认证合格。

◈ 农产品生产者、销售者对监督抽查检测结果有异议，如何处理？

农产品生产者、销售者对监督抽查检测结果有异议的，可以自收到检测结果之日起 5 日内，向组织实施农产品质量安全监督抽查的农业行政主管部门或者其上级农业行政主管部门申请复检。采用国务院农业行政主管部门会同有关部门认定的快速检测方法进行农产品质量安全监督抽查检测，被抽查人对检测结果有异议的，可以自收到检测结果时起 4 小时内申请复检。复检不得采用快速检测方法。因检测结果错误给当事人造成损失的，依法承担赔偿责任。

◆ **发现不符合农产品质量安全标准的怎么办**?

（1）农产品批发市场应当设立或者委托农产品质量安全检测机构，对进场销售的农产品质量安全状况进行抽查检测；发现不符合农产品质量安全标准的，应当要求销售者立即停止销售，并向农业行政主管部门报告。农产品销售企业对其销售的农产品，应当建立健全进货检查验收制度；经查验不符合农产品质量安全标准的，不得销售。

（2）国家鼓励单位和个人对农产品质量安全进行社会监督。任何单位和个人都有权对违反本法的行为进行检举、揭发和控告。有关部门收到相关的检举、揭发和控告后，应当及时处理。

◆ **农产品质量安全监督检查的其他规定有哪些**?

（1）县级以上人民政府农业行政主管部门在农产品质量安全监督检查中，可以对生产、销售的农产品进行现场检查，调查了解农产品质量安全的有关情况，查阅、复制与农产品质量安全有关的记录和其他资料；对经检测不符合农产品质量安全标准的农产品，有权查封、扣押。

（2）发生农产品质量安全事故时，有关单位和个人应当采取控制措施，及时向所在地乡级人民政府和县级人民政府农业行政主管部门报告；收到报告的机关应当及时处理并报上一级人民政府和有关部门。发生重大农产品质量安全事故时，农业行政主管部门应当及时通报同级食品药品监督管理部门。

（3）进口的农产品必须按照国家规定的农产品质量安全标准进行检验；尚未制定有关农产品质量安全标准的，应当依法及时制定，未制定之前，可以参照国家有关部门指定的国外有关标准进行检验。

◈ 农产品质量安全监督管理人员的法律责任有哪些?

（1）农产品质量安全监督管理人员不依法履行监督职责，或者滥用职权的，依法给予行政处分。

（2）农产品质量安全检测机构伪造检测结果的，责令改正，没收违法所得，并处 50 000 元以上 100 000 元以下罚款，对直接负责的主管人员和其他直接责任人员处 10 000 元以上 50 000 元以下罚款；情节严重的，撤销其检测资格；造成损害的，依法承担赔偿责任。农产品质量安全检测机构出具的检测结果不实，造成损害的，依法承担赔偿责任；造成重大损害的，并撤销其检测资格。

◈ 农产品生产、销售组织和个人的法律责任有哪些?

（1）使用农业投入品违反法律、行政法规和国务院农业行政主管部门的规定的，依照有关法律、行政法规的规定处罚。

（2）农产品生产企业、农民专业合作经济组织未建立或者未按照规定保存农产品生产记录的，或者伪造农产品生产记录的，责令限期改正；逾期不改正的，可以处 2 000 元以下罚款。

（3）销售的农产品未按照规定进行包装、标识的，责令限期改正；逾期不改正的，可以处 2 000 元以下罚款。

（4）使用的保鲜剂、防腐剂、添加剂等材料不符合国家有关强制性的技术规范的，责令停止销售，对被污染的农产品进行无害化处理，对不能进行无害化处理的予以监督销毁；没收违法所得，并处 2 000 元以上 20 000 元以下罚款。

（5）违反农产品质量安全法第三十二条规定，冒用农产品质量标志的，责令改正，没收违法所得，并处 2 000 元以上 20 000 元以下罚款。

（6）违反农产品质量安全法规定，构成犯罪的，依法追究刑事责任。

（7）生产、销售农产品质量安全法第三十三条所列农产品，给消费者造成损害的，依法承担赔偿责任。农产品批发市场中销售的农产品有前款规定情形的，消费者可以向农产品批发市场要求赔偿；属于生产者、销售者责任的，农产品批发市场有权追偿。消费者也可以直接向农产品生产者、销售者要求赔偿。

◈ 工业企业关于农产品质量安全的法律责任有哪些？

违反法律、法规规定，向农产品产地排放或者倾倒废水、废气、固体废物或者其他有毒有害物质的，依照有关环境保护法律、法规的规定处罚；造成损害的，依法承担赔偿责任。

◈ 为什么要开展 2010 年食品安全整顿工作？

为切实解决我国食品安全突出问题，全面提升食品安全水平，保障人民群众饮食安全，2009 年 2 月国务院部署用 2 年左右时间，在全国集中开展食品安全整顿。自 2009 年 2 月以来，各地区、各有关部门认真贯彻落实国务院决策部署，按照《国务院办公厅关于印发食品安全整顿工作方案的通知》要求，切实加强领导，精心组织实施，清理和制订食品安全标准，加强各环节食品安全监管，加大违法生产经营食品案件查处力度，推进食品工业企业诚信体系建设，食品安全整顿取得阶段性成效。为巩固前一阶段工作成果，全面落实食品安全整顿各项任务，国务院办公厅就 2010 年食品安全整顿工作做出安排。

◈ 2010 年食品安全整顿工作主要任务有哪些？

①加强违法添加非食用物质和滥用食品添加剂整顿；②加强农产品质量安全整顿；③加强食品生产加工环节整顿；④加强食品进出口环节

整顿；⑤加强食品流通环节整顿；⑥加强餐饮消费环节整顿；⑦加强畜禽屠宰整顿；⑧加强保健食品整顿；⑨完善食品安全标准；⑩加强食品安全风险监测和预警；⑪ 推进食品生产企业诚信体系建设。

❖ **怎样加强对滥用食品添加剂的整顿**？

（1）要完善食品添加剂管理法规，修订食品添加剂使用标准。

（2）严格食品添加剂生产许可制度，加强食品添加剂标签标识管理，实行食品生产加工企业食品添加剂使用报告制度。

（3）开展食品中食品添加剂和非食用物质专项抽检和监测，整治超过标准限量和使用范围滥用食品添加剂的行为，查处和打击生产、销售、使用非法食品添加物的行为，严格食品添加剂及相关产品研制管理。

❖ **加强农产品质量安全整顿包括哪些内容**？

（1）要深入开展蔬菜、水果、茶叶、食用菌、畜禽产品、水产品中农药兽药和禁用药物残留监测。加强生鲜乳质量安全监管，强化生鲜乳收购站日常监管与标准化管理，坚决取缔未经许可的非法收购站。

（2）加大农药生产经营监管力度，加强农药质量监督抽查，依法查处违法违规生产经营单位，重点打击无证照生产黑窝点。

（3）加强饲料质量安全监测，打击在饲料原料和产品中添加有毒有害化学物质及养殖过程中使用"瘦肉精"等违禁药物行为。

（4）加强兽药良好生产规范后续监管，积极推行兽药经营质量管理规范制度，实施动物产品兽药残留监控计划，打击制售假劣兽药违法行为。

（5）深入开展水产苗种专项整治，打击水产养殖环节违法使用禁用药物和有毒有害化学物质行为。

（6）修订农药管理条例、饲料和饲料添加剂管理条例及相关管理办法，制订饲料和饲料添加剂标准、兽药残留限量和检测方法标准。组织开展粮食收购、储存环节质量安全监测。

◈ 怎样加强食品生产加工环节的整顿？

（1）要严格食品生产许可制度，督促企业严格执行食品原料、食品添加剂、食品相关产品采购查验制度和出厂检验记录制度。

（2）加强生产加工环节食品安全监督抽检，督促企业建立健全食品可追溯制度和食品召回制度，查处企业生产不符合安全标准食品的行为。

（3）打击制售假冒伪劣食品、使用非食品原料和回收食品生产加工食品的行为。取缔无生产许可证、无营业执照的非法食品生产加工企业。

（4）大力整顿食品安全风险较高、投诉举报多的食品行业，建立对食品生产加工小作坊和食品摊贩加强监管的长效机制。

◈ 加强食品进出口环节整顿包括哪些内容？

（1）要严格办理进出口食品海关相关手续，打击食品、食用农产品特别是疫区产品非法进出口行为。

（2）对已经备案的出口食品生产企业和出口食品原料种养殖场进行全面清查。

（3）加强进出口食品、食用农产品的检验检疫监管，重点加强对出口食品中食品添加剂和违法添加非食用物质检验检疫监管，严厉打击逃避检验检疫行为，完善进出口食品、食用农产品企业不良记录制度，将逃避检验检疫的企业一律列为不良记录企业。

（4）建立和完善进出口食品、食用农产品检验检疫监管的长效机制。

（5）加强进出口食品安全信息通报，完善风险预警和控制措施。

◈ 怎样加强食品流通环节的整顿？

（1）要严格食品流通许可制度，完善食品市场主体资格审查，完善流通环节食品安全抽样检验和退出市场制度，建立销售者主动退市和工商部门责令退市相结合的监管机制。

（2）加强流通环节食品安全日常监管，监督食品经营者依法落实食品进货查验和记录制度，督促食品经营者加强自律。

（3）完善食品市场监管和巡查制度，突出重点地区、重点场所和重点品种，深入开展专项执法检查，加大食品市场分类监管和食品市场日常巡查力度，打击销售过期变质、假冒伪劣和不合格食品的违法行为。

◈ 加强餐饮消费环节整顿包括哪些内容？

（1）要严格餐饮服务许可制度，查处餐饮单位无证经营行为。

（2）清理、修订餐饮消费环节相关食品监督管理规范办法，规范餐饮服务许可行为，提高餐饮服务准入门槛。

（3）制定并实施餐饮消费环节重点监督检查及抽检工作计划，以学校食堂、幼儿园食堂、建筑工地食堂、农家乐旅游点、小型餐饮单位为重点，加大对熟食卤味、盒饭、冷菜等高风险食品和餐具清洗消毒等重点环节的监督检查力度，开展餐饮消费环节专项整治和专项检查。

（4）督促餐饮服务单位建立食品原料采购索证索票制度，对其采购的重点品种开展专项抽查，查处采购和使用病死或者死因不明的畜禽及其制品、劣质食用油等行为。

◈ 怎样加强对畜禽屠宰的整顿？

（1）要严把市场准入关，清理整顿生猪定点屠宰厂，加大对私屠滥宰行为的打击力度。

（2）加强对生猪、牛、羊定点屠宰厂的日常监管，查处违法屠宰注水或注入其他物质的猪、牛、羊肉产品，查处出厂未经品质检验或经品质检验不合格的猪、牛、羊肉产品。

（3）强化活禽和生猪、牛、羊产地和屠宰检疫，查处出售和屠宰病死畜禽的行为。

（4）督促企业建立和完善肉品质量安全全程监管体系，打击加工、销售病死病害畜禽肉和注水肉等行为，严防病死、注水或注入其他物质、未经检验检疫或检验检疫不合格肉品进入加工、流通、餐饮消费环节。

（5）加大生猪屠宰长效监管机制建设，进一步健全相关应急处置机制。

◈ 怎样加强对保健食品的整顿？

（1）要依法对获批注册但未标明有效期的保健食品进行全面清理换证。

（2）开展保健食品违法添加药物专项检查，查处制售假劣保健食品行为。

（3）开展保健食品标签、说明书内容专项检查。

（4）查处通过公益讲座、健康诊疗、学术交流、会展销售等方式变相销售假冒伪劣保健食品的行为。

（5）整治普通食品声称具有特定保健功能和保健食品夸大宣传功能的行为。

◈ 完善食品安全标准包括哪些内容？

（1）制定清理现行食品安全标准的工作方案，对现行食品质量标准、卫生标准和行业标准中强制执行的标准进行清理，解决标准缺失、重复和矛盾问题。

（2）制定食品中农药残留、有毒有害污染物、致病微生物、真菌毒素限量标准。

（3）公布国家乳品质量安全标准。

（4）组织开展食品安全标准的宣传贯彻，动员社会、企业和消费者积极参与食品安全标准实施工作，跟踪评价食品安全标准实施情况。

（5）跟踪研究有关国家和国际组织食品安全标准，积极开展对外交流和合作，借鉴国外先进研究成果，提高我国食品安全标准制定的效率和科学水平。

◈ 加强食品安全风险监测和预警包括哪些内容？

（1）要建立国家食品安全风险监测制度，制定并实施国家食品安全风险监测计划，加强地区性食品安全风险监测，建立快速、方便的食品安全信息沟通机制和网络平台。

（2）发布年度食品安全风险监测评价报告，建立食源性疾病报告机制，构建食源性疾病和食物中毒报告信息采集网络，建立食品安全有害因素与食源性疾病监测数据库。

（3）实施食品安全风险评估制度，对相关食品安全风险和隐患进行风险评估。

（4）加大食品特别是乳品等高风险食品检验检测频次，定期公布检验检测结果。加强食品安全监测能力建设。

（5）加快推进检验检测机构改革，严格检验检测机构资质认定和检验人员管理，推进检验检测资源和信息共享。

◈ 怎样推进食品生产企业诚信体系建设？

（1）要制定食品生产企业诚信体系建设指导意见和诚信体系评价

标准，选择若干企业开展诚信体系建设试点，及时总结推广试点经验。

（2）在企业中建立生产经营档案制度，鼓励支持食品企业建立食品安全可追溯系统，在食品行业全面推广。

（3）督促行业协会组织对食品企业从业人员培训、考核，培养具备良好职业道德、较高业务水平和较强实践能力的食品安全岗位专职人员。

（4）建立食品企业诚信不良记录收集、管理、通报制度和行业退出机制。

（5）加强食品生产企业和经营者质量信用建设和信用分类监管。

◆ 2010 年食品安全整顿工作的有关要求包括哪几方面？

①严格落实食品安全整顿工作责任；②加大食品安全案件查处和责任追究力度；③认真做好信息报告和新闻宣传工作；④加强监督检查和评审。

◆ 严格落实食品安全整顿工作责任包括哪些内容？

（1）要求各地区、各有关部门要加强组织领导，认真履行职责，采取有力措施，依法加强治理整顿。

（2）抓紧制定 2010 年整顿工作具体实施方案，分解整顿工作任务，明确各环节、各阶段的整顿目标和完成时限，落实责任单位和责任人员。

（3）将集中整顿与日常工作相结合，及时总结整顿工作中的典型做法和经验，形成加强食品安全监管的长效机制。

（4）县级以上地方人民政府要切实承担起本行政区域食品安全整顿工作统一领导、组织、协调的责任，统筹安排监管力量，切实保障经费投入，全面抓好整顿任务落实；各有关部门要加强对本系统食品安全整顿工作的监督指导，坚持统一协调与分工负责相结合，各司其职，各负其责，密切协作，形成合力。

（5）国务院食品安全办要加强综合协调和督促指导，及时发现和协调解决有关问题。

◈ 怎样加大对食品安全案件查处和责任追究的力度？

（1）要求各地区、各有关部门要重视投诉举报受理工作，注意发现食品安全事故和案件线索并及时进行调查处理。完善快速反应机制，及时妥善处理食品安全事故。

（2）进一步加强行政执法与刑事司法的衔接，规范和完善涉及食品安全刑事案件的鉴定程序，加大对食品安全领域违法犯罪行为的打击力度。

（3）强化行政监察和行政问责，严肃查处监管部门失职、渎职行为。严格实行重大食品安全事故报告、举报、通报制度，对行政机关迟报、漏报甚至瞒报、谎报食品安全事故的，依法依纪追究相关责任人责任。

◈ 认真做好信息报告和新闻宣传工作包括哪些内容？

（1）要求各地区、各有关部门要加强沟通协调，及时将食品安全整顿工作重要信息向国务院食品安全办、卫生部报告，并向相关部门通报。

（2）统筹和规范食品安全整顿信息发布工作，对影响仅限于本行政区域的信息，由本级政府授权有关职能部门发布；对涉及2个以上省、区、市的信息，由国务院授权的食品安全整顿综合协调部门统一发布。

（3）要正确把握舆论导向，主动做好信息发布和政策解读；大力宣传《中华人民共和国食品安全法》及其实施条例，积极宣传食品安全整顿工作进展、成效和典型事例，支持新闻媒体开展舆论监督，引导新闻媒体客观准确报道，为食品安全整顿工作营造良好氛围。

◆ **加强督促检查和评估考核包括哪些内容**？

国务院食品安全委员会组织对食品安全整顿工作进行检查，适时召开全体会议听取整顿工作情况汇报。地方人民政府也要将食品安全整顿工作作为重点督查内容，制定专项督查工作方案，逐级开展督查。国务院食品安全办要制订整顿工作评估考核办法，组织对各地区、各有关部门食品安全整顿工作进行评估考核。

八、无公害农产品

◈ **什么是无公害农产品**？

无公害农产品是指产地环境符合无公害农产品的生态环境质量，生产过程必须符合规定的农产品质量标准和规范，有毒有害物质残留量控制在安全质量允许范围内，安全质量指标符合《无公害农产品标准》的农、牧、渔产品，经专门机构认定，许可使用无公害农产品标识的产品。

广义的无公害农产品包括有机农产品、自然食品、生态食品、绿色食品、无污染食品等。这类产品生产过程中允许限量、限品种、限时间地使用人工合成的安全的化学农药、兽药、肥料、饲料添加剂等，它符合国家食品卫生标准，但比绿色食品标准要宽。无公害农产品是保证人们对食品质量安全最基本的需要，是最基本的市场准入条件，普通食品都应达到这一要求。无公害农产品的质量要求低于绿色食品和有机食品。

◈ **什么是无公害农产品认证**？

无公害农产品认证是为保障农产品生产和消费安全而实施的政府质

量安全担保制度，属于政府行为，不收取任何费用。无公害农产品认证采取产地认定与产品认证相结合的方式，产地认定主要解决产地环境和生产过程中的质量安全控制问题，是产品认证的前提和基础，产品认证主要解决产品安全和市场准入问题。

无公害农产品产地认定与产品认证审批事项是对申报种植业、畜牧业无公害农产品产地认定与产品认证项目进行审核，审核其产地环境、生产过程、产品质量是否符合农业部无公害农产品相关标准和规范的要求。

◈ **无公害农产品认证有哪些特点**？

主要有公益性、普遍性、公正性和专业性。

（1）公益性。①人民身体健康和生命安全，是公众利益所在；②农产品质量安全事关国家利益。

（2）普遍性。①保障基本安全；②满足大众消费；③为普通农民做示范。

（3）公正性。①公平合理的评定；②没有直接利益关系的机构评定。

（4）专业性。①农业生产技术；②认证检测技术；③质量认证和管理方法。

◈ **无公害农产品认证有哪些环节**？

①省农业行政主管部门组织完成无公害农产品产地认定，并颁发《无公害农产品产地认定证书》；②省级承办机构接收《无公害农产品认证申请书》及附报材料后，审查材料是否齐全、完整，核实材料内容是否真实、准确，生产过程是否有禁用农业投入品使用不规范的行为；③无公害农产品定点检测机构进行抽样、检测；④农业部农产品质量安全中心所属专业认证分中心对省级承办机构提交的初审情况和相关申请材料

进行复查，对生产过程控制措施的可行性、生产记录档案和产品检测报告的符合性进行审查；⑤农业部农产品质量安全中心根据专业认证分中心审查情况，组织召开认证评审专家会进行最终评审；⑥农业部农产品质量安全中心颁发认证证书、核发认证标志，并报农业部和国家认监委联合公告。

◈ 目前全国无公害畜产品产地认定情况怎么样？

2001 年，农业部启动了无公害食品行动计划，其中无公害农产品认证，经过 5 年的不断努力，认证企业和产品的数量与质量都有了很大的提高。无公害农产品认证方面，农业部农产品质量安全中心畜牧业产品认证分中心依托全国畜牧总站承担具体认证工作，各地也相继成立了认证工作机构，全国共有无公害畜产品认证检测机构 66 家，从事无公害畜产品认证工作人员上万人。初步形成了布局基本合理、功能相对完整的无公害畜产品认证体系，为无公害畜产品认证提供了有力的组织保障。

从 2003 年开始实施认证工作以来，无公害农产品产地认定、产品认证数量逐年增加，规模逐步扩大。2003 年，畜牧产地认定数量 370 个；2004 年，畜牧产地认定数量 1527 个；2005 年，畜牧产地认定数量 1628 个；2006 年，畜牧产地认定数量 1663 个；2007 年，畜牧产地认定数量 3303 个。截至 2007 年底，全国共认定畜牧产地 8491 个。

◈ 目前全国无公害畜产品的产品认证情况怎么样？

2003 年，认证畜牧业产品 253 个，企业 241 家，产量 267.6 万吨；2004 年，认证畜牧业产品 1050 个，企业 964 家，产量 412.79 万吨；2005 年，认证畜牧业产品 538 个，企业 495 家，产量 135.41 万吨；2006 年，认证畜牧业产品 643 个，企业 583 家，产量 260.04 万吨；2007 年，认证畜牧业产品 1585 个，企业 1029 家，产量 340.79 万吨；2008 年 8 月 31 日前，认证畜牧业产品 1352 个，企业 928 家，产量 260.2 万吨。截至 2008 年 8 月 31 日，全国共认证畜牧业产品 5569 个，企业 4184 家，总产量 1676.83 万吨。

在全面加快发展、不断扩大总量规模的同时，农业部加强获证监管，保证了无公害农产品质量安全稳定可靠。2007 年在农业部开展的农产品质量安全专项整治行动中，无公害畜产品抽检合格率达 100%；在农产品质量安全中心的例行监督抽检中，无公害畜产品合格率也是 100%。在各地开展的无公害畜产品监督抽检中，获证的畜产品质量也是保持在较高水平。畜牧业产品认证分中心始终重视认证的无公害畜产品质量，并提出质量与数量都要抓，更加注重质量的工作原则。每个申报产品必须经省级工作机构组织进行现场检查，同时分中心对每年申报的产品按 5% 的比率进行现场核查。这也充分保障了认证产品的质量水平。

◈ 为什么要实施无公害食品行动计划？

为适应我国农业发展新阶段的要求，全面提高农产品质量安全水平，进一步增强农产品国际竞争力，维护消费者合法权益，保护农业生态环境，促进农业可持续发展和农民收入增加。根据中共中央、国务院关于加强农产品质量安全工作、加快实施"无公害食品行动计划"的要求和全国"菜篮子"工作会议精神，农业部决定，在北京、天津、上海和深圳四城市试点的基础上，从 2002 年开始，在全国范围内全面推进无公害食品行动计划。

◈ 无公害食品行动计划实施目标是什么？

通过建立健全农产品质量安全体系，对农产品质量安全实施全过程监控，有效改善和提高我国农产品质量安全水平，基本实现食用农产品无公害生产，保障消费安全，质量安全指标达到发达国家或地区的中等水平。鼓励有条件的地方和企业，积极发展绿色食品和有机食品。

◈ 哪些方面是无公害食品行动计划的重点？

通过加强生产监管，推行市场准入及质量跟踪，健全农产品质量安全标准、检验检测、认证体系，强化执法监督、技术推广和市场信息工作，建立起一套既符合中国国情又与国际接轨的农产品质量安全管理制度。突出抓好"菜篮子"产品和出口农产品的质量安全。工作重点是进一步集中力量，下大力气解决好植物产品农药残留超标，动物源性产品兽药残留和药物滥用三个重大问题。

◈ 怎样推进无公害食品行动计划？

（1）加强生产监管。主要包括强化生产基地建设、净化产地环境、严格农业投入品管理、推行标准化生产和提高生产经营组织化程度。

（2）推行市场准入制。主要包括建立监测制度、推广速测技术、创建专销网点、实施标识管理以及推行追溯和承诺制度。

（3）完善保障体系。主要包括加强法制建设、健全标准体系、完善检验检测体系、加快认证体系建设、加强技术研究与推广、建立信息服务网络、加大宣传培训力度和增加投入。

◈ 如何组织实施无公害食品行动计划？

农业部于 2002 年 7 月 23 日下发的《全面推进"无公害食品行动计划"的实施意见》明确规定各省、自治区、直辖市无公害食品行动计划在当地人民政府的领导下，由农业行政主管部门会同有关部门组织实施。

◈ **无公害农产品的技术保障包括哪几方面？**

无公害农产品的技术保障主要体现在以下几方面：①无公害农产品生产基地环境控制技术方面；②无公害农产品生产过程控制技术方面；③无公害农产品质量控制技术方面。

◈ **无公害农产品生产基地环境控制技术保障包括哪些内容？**

无公害农产品开发是农业生态环境保护工作适应市场经济发展需要应运而生的，是将农业环保工作的社会效益、生态效益转化为现实经济效益的一种形式和途径。无公害农产品开发也是将生产建设与环境保护于一体的生态农业发展到一定阶段的产物，无公害农产品以生态农业为技术保障，生态农业以无公害农产品为市场载体，从而形成以产品开发带动生态农业，以生态农业建设促产品开发的良性发展机制。因此，无公害农产品开发基地应建立在生态农业建设区域之中，在生态农业建设中强化无公害技术份额。简单地说，其基地在土壤、大气、水质上必须符合无公害农产品产地环境标准。无公害农产品产地环境评价是选择无公害农产品基地的标尺，只有通过其环境评价，才具有生产无公害农产品的条件和资格，这是前提条件。

◈ **无公害农产品生产过程控制技术保障包括哪些内容？**

无公害农产品的农业生产过程控制主要是农用化学物质使用限量的控制及替代过程。重点生产环节是病虫害防治和肥料施用。病虫害防治要以不用或少用化学农药为原则，强调以预防为主，以生物防治为主。肥料施用强调以有机肥为主，以底肥为主，按土壤养分库动态平衡需求调节肥量和用肥品种。在生产过程中制定相应的无公害生产操作规范，建立相应的文档、备案待查。

◈ 无公害农产品质量控制技术保障包括哪些内容？

无公害农产品最终体现在产品的无公害化。其产品可以是初级产品，也可能是加工产品，其收获、加工、包装、贮藏、运输等后续过程均应制定相应的技术规范和执行标准。产品是否无公害要通过检测来确定。无公害农产品首先在营养品质上应是优质，营养品质检测可以依据相应检测机构的结果，而环境品质、卫生品质检测要在指定机构进行。

◈ 无公害农产品管理办法主要内容包括哪些？

中华人民共和国农业部、国家质量监督检验检疫总局 2002 年 4 月 29 日联合发布第 12 号令，共八章四十二条，对在中华人民共和国境内从事无公害农产品生产、产地认定、产品认证和监督管理等活动做出明确法律规范，具体包括：

（1）无公害农产品，是指产地环境、生产过程和产品质量符合国家有关标准和规范的要求，经认证合格获得认证证书并允许使用无公害农产品标志的未经加工或者初加工的食用农产品。

（2）无公害农产品管理工作，由政府推动，并实行产地认定和产品认证的工作模式。

（3）国家鼓励生产单位和个人申请无公害农产品产地认定和产品认证。

（4）国家适时推行强制性无公害农产品认证制度。

（5）省级农业行政主管部门根据本办法的规定负责组织实施本辖区内无公害农产品产地的认定工作。

（6）农业部和国家认证认可监督管理委员会制定并发布《无公害农产品标志管理办法》。

（7）任何单位和个人不得伪造、冒用、转让、买卖无公害农产品产地认定证书、产品认证证书和标志。

◆ **无公害农产品标志管理办法包括哪些内容**？

中华人民共和国农业部、国家认证认可监督管理委员会 2002 年 11 月 25 日联合发布第 231 号公告。对全国统一无公害农产品标志申请、使用及监督管理做出明确规定，农业部和国家认证认可监督管理委员会对全国统一的无公害农产品标志实行统一监督管理。

全国统一无公害农产品标志基本图案：全国统一无公害农产品标志标准，颜色由绿色和橙色组成。标志图案主要由麦穗、对勾和无公害农产品字样组成，麦穗代表农产品，对勾表示合格，橙色寓意成熟和丰收，绿色象征环保和安全。标志图案直观、简洁、易于识别，含义通俗易懂。

◆ 什么是无公害农产品标准？

无公害农产品标准是无公害农产品认证和质量监管的基础，其结构主要由环境质量、生产技术、产品质量标准三部分组成，其中产品标准、环境标准和生产资料使用准则为强制性国家及行业标准，生产操作规程为推荐性国家行业标准。截至 2007 年，农业部共制定无公害食品标准 386 个，使用 277 个；产品标准 127 个；产地环境标准 20 个；投入品使用标准 7 个；生产管理技术规程标准 117 个；认证管理技术规范类标准 6 个。

九、农产品初加工

◆ 什么是农产品初加工服务？

农产品初加工服务是指由农民家庭兼营或收购单位对收获的各种农业新产品（包括纺织纤维原料）进行去子、净化、分类、晒干、剥皮或大批包装以提供初级市场的服务活动，包括轧棉花、羊毛去杂质及其他类似的纤维初加工等活动。

◆ 农产品初加工范围包括哪些？

财政部、国家税务总局发出通知，公布《享受企业所得税优惠政策的农产品初加工范围（试行）》。从事该范围内农产品初加工的企业自2008年1月1日起执行所得税优惠政策。

农产品的初加工是指对农产品一次性的不涉及农产品内在成分改变的加工。《享受企业所得税优惠政策的农产品初加工范围（试行）》共分为种植业类、畜牧业类和渔业类三大门类，包括粮食初加工、林木产品初加工、园艺植物初加工、油料植物初加工、糖料植物初加工、茶叶初加工、药用植物初加工、纤维植物初加工、热带及南亚热带作物初加工、畜禽类初加工、饲料类初加工、牧草类初加工、水生动物初加工、水生植物初加工等诸多农产品初加工种类。

根据现行《企业所得税法》第二十七条的规定，企业从事农、林、牧、渔业项目的所得，可以免征、减征企业所得税。《企业所得税法实施条例》第八十六条进一步规定，企业从事农产品初加工的所得，免征企业所得税。有关部门今后将根据经济社会发展需要，适时对该范围内的项目进行调整和修订。

◈ 哪些农产品初加工范围免征企业所得税？

①种植业类，包括粮食初加工、林木产品初加工、园艺植物初加工、油料植物初加工、糖料植物初加工、茶叶初加工、药用植物初加工、纤维植物初加工、热带及南亚热带作物初加工；②畜牧业类，包括畜禽类初加工、饲料类初加工、牧草类初加工；③渔业类，包括水生动物初加工、水生植物初加工。

◈ 免征企业所得税的粮食初加工具体包括哪些内容？

（1）小麦初加工。通过对小麦进行清理、配麦、磨粉、筛理、分级、包装等简单加工处理，制成的小麦面粉及各种专用粉。

（2）稻米初加工。通过对稻谷进行清理、脱壳、碾米（或不碾米）、烘干、分级、包装等简单加工处理，制成的成品粮及其初制品，具体包括大米、蒸谷米。

（3）玉米初加工。通过对玉米子粒进行清理、浸泡、粉碎、分离、脱水、干燥、分级、包装等简单加工处理，生产的玉米粉、玉米碴、玉米片等；鲜嫩玉米经筛选、脱皮、洗涤、速冻、分级、包装等简单加工处理，生产的鲜食玉米（速冻黏玉米、甜玉米、花色玉米、玉米子粒）。

（4）薯类初加工。通过对马铃薯、甘薯等薯类进行清洗、去皮、磋磨、切制、干燥、冷冻、分级、包装等简单加工处理，制成薯类初级制品。

具体包括：薯粉、薯片、薯条。

（5）食用豆类初加工。通过对大豆、绿豆、红小豆等食用豆类进行清理去杂、浸洗、晾晒、分级、包装等简单加工处理，制成的豆面粉、黄豆芽、绿豆芽。

（6）其他类粮食初加工。通过对燕麦、荞麦、高粱、谷子等杂粮进行清理去杂、脱壳、烘干、磨粉、轧片、冷却、包装等简单加工处理，制成的燕麦米、燕麦粉、燕麦麸皮、燕麦片、荞麦米、荞麦面、小米、小米面、高粱米、高粱面。

◈ 哪些林木产品初加工免征企业所得税？

通过将伐倒的乔木、竹（含活立木、竹）去枝、去梢、去皮、去叶、锯段等简单加工处理，制成的原木、原竹、锯材。

◈ 免征企业所得税的园艺植物初加工具体包括哪些？

（1）蔬菜初加工。①将新鲜蔬菜通过清洗、挑选、切割、预冷、分级、包装等简单加工处理，制成净菜、切割蔬菜；②利用冷藏设施，将新鲜蔬菜通过低温贮藏，以备淡季供应的速冻蔬菜，如速冻茄果类、叶类、豆类、瓜类、葱蒜类、柿子椒、蒜苔；③将植物的根、茎、叶、花、果、种子和食用菌通过干制等简单加工处理，制成的初制干菜，如黄花菜、玉兰片、萝卜干、冬菜、梅干菜、木耳、香菇、平菇。

以蔬菜为原料制作的各类蔬菜罐头。罐头在这里是指以金属罐、玻璃瓶、经排气密封的各种食品。碾磨后的园艺植物（如胡椒粉、花椒粉等）不属于初加工范围。

（2）水果初加工。通过对新鲜水果（含各类山野果）清洗、脱壳、切块（片）、分类、储藏保鲜、速冻、干燥、分级、包装等简单加工处理，制成的各类水果、果干、原浆果汁、果仁、坚果。

（3）花卉及观赏植物初加工。通过对观赏用、绿化及其他各种用途的花卉及植物进行保鲜、储藏、烘干、分级、包装等简单加工处理制成的各类鲜、干花卉。

◈ 哪些油料植物初加工免征企业所得税？

通过对菜子、花生、大豆、葵花子、蓖麻子、芝麻、胡麻子、茶子、桐子、棉子、红花子及米糠等粮食的副产品等，进行清理、热炒、磨坯、榨油、浸出等简单加工处理，制成的植物毛油和饼粕等副产品。具体包括菜子油、花生油、豆油、葵花油、蓖麻子油、芝麻油、胡麻子油、茶子油、桐子油、棉子油、红花油、米糠油以及油料饼粕、豆饼、棉子饼。精炼植物油不属于初加工范围。

◈ 哪些糖料植物初加工免征企业所得税？

通过对各种糖料植物，如甘蔗、甜菜、甜菊等，进行清洗、切割、压榨等简单加工处理，制成的制糖初级原料产品。

◈ 免征企业所得税的茶叶初加工具体包括哪些内容？

通过对茶树上采摘下来的鲜叶和嫩芽进行杀青、揉捻、发酵、烘干、分级、包装等简单加工处理，制成的初制毛茶。精制茶、边销茶、紧压茶和掺兑各种药物的茶及茶饮料不属于初加工范围。

◈ 什么药用植物初加工免征企业所得税？

通过对各种药用植物的根、茎、皮、叶、花、果实、种子等，进行挑选、整理、捆扎、清洗、凉晒、切碎、蒸煮、炒制等简单加工处理，制成的片、丝、块、段等中药材。加工的各类中成药不属于初加工范围。

◈ 哪些纤维植物初加工免征企业所得税？

（1）棉花初加工。通过轧花、剥绒等脱绒工序简单加工处理，制成的皮棉、短绒、棉子。

（2）麻类初加工。通过对各种麻类作物，主要是大麻、黄麻、槿麻、苎麻、苘麻、亚麻、罗布麻、蕉麻、剑麻等进行脱胶、抽丝等简单加工处理，制成的干麻、纱条、丝、绳。

（3）蚕茧初加工。通过烘干、杀蛹、缫丝、煮剥、拉丝等简单加工处理，制成的蚕、蛹、生丝、丝棉。

◆ **哪些热带、亚热带作物初加工免征企业所得税？**

通过对热带、南亚热带作物去除杂质、脱水、干燥、分级、包装等简单加工处理，制成的工业初级原料。具体包括：天然橡胶生胶和天然浓缩胶乳、生咖啡豆、胡椒子、肉桂油、桉油、香茅油、木薯淀粉、木薯干片、坚果。

◆ **什么畜禽类初加工免征企业所得税？**

（1）肉类初加工。通过对畜禽类动物，包括各类牲畜、家禽和人工驯养、繁殖的野生动物等宰杀、去头、去蹄、去皮、去内脏、分割、切块或切片、冷藏或冷冻、分级、包装等简单加工处理，制成的分割肉、保鲜肉、冷藏肉、冷冻肉、绞肉、肉块、肉片、肉丁。

（2）蛋类初加工。通过对鲜蛋进行清洗、干燥、分级、包装、冷藏等简单加工处理，制成的各种分级、包装的鲜蛋、冷藏蛋。

（3）奶类初加工。通过对鲜奶进行净化、均质、杀菌或灭菌、灌装等简单加工处理，制成的巴氏杀菌奶、超高温灭菌奶。

（4）皮类初加工。通过对畜禽类动物皮张剥取、浸泡、刮里、晾干或熏干等简单加工处理，制成的生皮、生皮张。

（5）毛类初加工。通过对畜禽类动物毛、绒或羽绒分级、去杂、清洗等简单加工处理，制成的洗净毛、洗净绒或羽绒。

（6）蜂产品初加工。通过去杂、过滤、浓缩、熔化、磨碎、冷冻简单加工处理，制成的蜂蜜、蜂蜡、蜂胶、蜂花粉。

肉类罐头、肉类熟制品、蛋类罐头、各类酸奶、奶酪、奶油、王浆粉、各种蜂产品口服液、胶囊不属于初加工范围。

◈ 免征企业所得税的饲料类初加工具体包括哪些内容？

（1）植物类饲料初加工。通过碾磨、破碎、压榨、干燥、酿制、发酵等简单加工处理，制成的糠麸、饼粕、糟渣、树叶粉。

（2）动物类饲料初加工。通过破碎、烘干、制粉等简单加工处理，制成的鱼粉、虾粉、骨粉、肉粉、血粉、羽毛粉、乳清粉。

（3）添加剂类初加工。通过粉碎、发酵、干燥等简单加工处理，制成的矿石粉、饲用酵母。

◈ 哪些牧草类初加工免征企业所得税？

通过对牧草、牧草种子、农作物秸秆等，进行收割、打捆、粉碎、压块、成粒、分选、青贮、氨化、微化等简单加工处理，制成的干草、草捆、草粉、草块或草饼、草颗粒、牧草种子以及草皮、秸秆粉。

◈ 免征企业所得税的渔业类具体包括哪些内容？

（1）水生动物初加工。将水产动物（鱼、虾、蟹、鳖、贝、棘皮类、软体类、腔肠类、两栖类、海兽类动物等）整体或去头、去鳞（皮、壳）、去内脏、去骨（刺）、擂溃或切块、切片，经冰鲜、冷冻、冷藏等保鲜防腐处理、包装等简单加工处理，制成的水产动物初制品。熟制的水产品和各类水产品的罐头以及调味烤制的水产食品不属于初加工范围。

（2）水生植物初加工。将水生植物（海带、裙带菜、紫菜、龙须菜、麒麟菜、江篱、浒苔、羊栖菜、莼菜等）整体或去根、去边梢、切段，经热烫、冷冻、冷藏等保鲜防腐处理、包装等简单加工处理的初制品，以及整体或去根、去边梢、切段、经晾晒、干燥或脱水、包装、粉碎等简单加工处理的初制品。

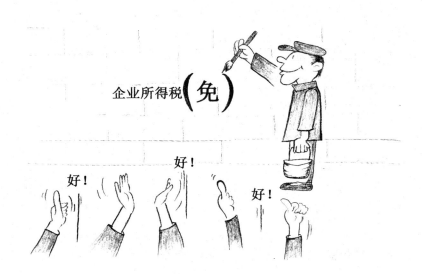

企业所得税（免）

好！　好！　好！

十、我国水产养殖安全标准和
鲜活农产品运输政策

◆ 加强水产品质量安全监管的总体要求是什么?

认真贯彻党的十七大和十七届三中全会精神,以科学发展观为指导,把确保水产品安全有效供给作为渔业发展的首要任务,全面推进水产健康养殖,完善养殖权制度,改善养殖设施条件,加强技术创新和推广应用,加快良种繁育和水生动物防疫体系建设,健全质量安全监管制度,落实监管责任和措施,强化养殖业执法管理,促进现代水产养殖业持续健康协调发展。

◆ 加强水产品质量安全监管工作目标是什么?

(1)水域滩涂养殖权制度不断巩固和完善,到 2010 年全面完成全国养殖重点地区县级以上养殖水域滩涂规划的编制和颁布工作,养殖证发证率达到 90%以上。

(2)标准化的水产生态健康养殖方式和技术得到广泛应用,创建部级水产健康养殖示范场 1000 个以上,培育渔业科技示范户 10 万户以上。

（3）基础设施和体系建设明显加快，力争到"十二五"末完成2000万亩中低产池塘标准化改造，基本形成布局合理、设施完善、运转高效、保障有力的水产良种繁育和水生动物防疫体系。

（4）水产品质量安全标准体系更加完备，水产品质量监管制度更加完善，监测与执法机制更加健全，持证苗种生产单位、健康养殖示范场、出口原料备案基地、认证产品生产企业等全面推行生产、用药、销售记录制度，质量安全违规案件查处率达到100%。

（5）养殖水产品产地药残抽检合格率保持在98%以上，水产品质量安全预警及突发事件应急处置能力显著增强，重大水产品质量安全事件得到有效控制。

◆ 应该怎样对水产健康养殖加强安全监管？

①加快养殖水域滩涂规划编制和养殖权制度建设；②全面实施中低产养殖池塘标准化改造工程；③加强水产健康养殖示范场创建工作；④加强水产良种繁育和水生动物防疫体系建设；⑤不断规范养殖投入品使用管理。

◆ 如何加快养殖水域滩涂规划编制和养殖权制度建设？

（1）各级渔业主管部门要认真组织编制养殖水域滩涂规划，积极推动省、市、县各级政府尽快颁布，保护水产养殖业发展空间。

（2）实行养殖水域滩涂规划备案制度，各地规划颁布情况将作为国家安排渔业投资项目的重要参考依据，市、县两级规划需报省级渔业主管部门备案，省级规划需报农业部备案。

（3）全面推进养殖权登记和养殖证核发工作，加强水域滩涂养殖权保护和救济政策研究，切实维护养殖渔民合法权益。

（4）启用全国养殖证信息管理系统，登记发证信息将全部录入系统，将养殖证作为单位和个人享受补贴等相关扶持政策和获得补偿的重要依据。

◈ 如何全面实施中低产养殖池塘标准化改造工程？

（1）积极争取各级财政支持，多渠道筹措资金，以高产健康养殖和节能减排为目标，引导企业和养殖户对现有淤积严重、老化坍塌的中低产池塘进行标准化改造，配套完善水、电、路和养殖废水达标排放等公共服务设施，改善养殖环境和生产条件，提高水产养殖综合生产能力。

（2）加强和优化池塘标准化改造的区域布局，提升水产养殖集约化、规模化、标准化和产业化发展水平。

（3）要根据各地实际，完善承包责任制，建立池塘维护和改造的长效机制。

◈ 如何加强水产健康养殖示范场创建工作？

（1）要进一步扩大水产健康养殖示范场创建规模，提高创建质量，以增强示范场的示范带动作用。

（2）按照环保、健康、可循环利用的要求，扶持示范场开展排灌设施和水处理系统、渔业机械设施、池塘清淤护坡等基础设施改造和配套。

（3）指导和督促示范场建立生产记录、用药记录、销售记录和产品包装标签制度，完善内部质量安全管理机制。

（4）加快水产标准的转化与推广应用，示范推广生态健康养殖方式，积极倡导养殖用水循环利用，实现养殖废水达标排放。

（5）强化示范场监督管理，严格创建标准，完善考核验收管理机制，实行动态管理。

◈ 如何加强水产良种繁育和水生动物防疫体系建设？

（1）要继续组织实施水产良种工程建设项目，重点建设大宗品种和出口优势品种的遗传育种中心和原良种场，建立符合我国水产养殖生产实际的水产良种繁育体系，提高品种创新能力和供应能力。

（2）加大对原种保护、亲本更新、良种选育和推广的支持力度，提高水产苗种质量和良种覆盖率。

（3）继续实施水生动物防疫体系建设规划，加快国家级、省级、基层三级水生动物疫病防控技术支持机构的建设，完善水生动物防疫体系。

（4）加强重大水生动物疫病专项监测、疫病流行病学调查与实验室检测，科学指导重大水生动物疫病防控工作，提高水生动物疫病防控能力。

◈ 如何规范养殖投入品使用管理？

（1）就是要加强对水产用药物和饲料等投入品使用环节的监督管理，大力推广安全用药技术和方法，指导和培训水产养殖生产者科学防病，合理用药，严格执行休药期制度，加大对重点养殖区域、主要养殖品种和重点药物种类的水产品药残监控力度。

（2）各级渔业主管部门要做好从事水生动物疫病防治的乡村兽医登记管理工作，配合兽医主管部门推进渔业执业兽医队伍建设，尽快建立和完善用药处方制度。逐步推广使用水产疫苗。

（3）大力推广和鼓励使用高效、环保的配合饲料，提高配合饲料普及率，严格控制直接投喂冰鲜杂鱼行为，禁止在湖泊、水库、江河、海洋等天然开放性水域中施肥养鱼。

◈ 如何加强水产品质量安全监管？

①改革和完善水产品产地抽检制度；②加强水产苗种质量管理工作；③全面推进水产养殖业执法监管；④逐步推行禁止生产区域划分制度和水产品质量安全可追溯制度；⑤增强水产品质量安全突发事件预警处置能力。

◈ 改革和完善水产品产地抽检制度包括哪些内容？

从2009年起，对农业部组织的水产品产地药残抽检方法进行改革，新方法试行后，抽检单位从数据库中随机确定，抽样工作由属地渔业主管部门负责组织，属地执法机构和异地承检机构共同参与，检测结果经认可或复检后公开。进一步规范抽检程序和抽检行为，力争通过改革，促进优胜劣汰、优质优价，使抽检工作真正起到保护合法生产者、惩罚违法者的作用。各级渔业主管部门要配合做好抽检制度改革工作，同时，逐步建立健全本辖区内水产品产地抽检制度。

◈ 加强水产苗种质量管理工作包括哪些内容？

（1）按照农业部2009年水产苗种专项整治实施方案，各地要按时完成水产苗种场普查登记工作，严格执行水产苗种生产许可证制度，指导和督促苗种场建立健全苗种生产和质量安全管理制度，规范水产苗种生产记录、用药记录和销售记录，加强水产苗种药残抽检，提高水产苗种质量安全水平。

（2）对于条件不具备、所生产苗种不合格、相关质量安全制度未建立、拒绝质量抽检或不接受监管的水产苗种场，要依法坚决整顿直至吊销水产苗种生产许可证。

（3）农业部还将尽快出台水生生物资源增殖放流苗种管理办法，凡向天然水域增殖水生生物资源的，其放流苗种必须经过检测合格，并实行招投标制度。

（4）禁用药物检测记录不良的水产苗种场不得参与投标。

◈ 全面推进水产养殖业执法监管包括哪些内容？

（1）要求各级渔业主管部门及其渔政监督管理机构要切实履行法定职责，全面开展养殖水域生态环境、水产养殖生产、水产品质量安全等监督执法，推进执法工作制度化、规范化。

（2）加快建立渔业主管部门统一领导，以渔政机构为主，技术推广、质量检验检测和环境监测等机构协作配合的水产养殖业执法工作机制。

（3）要重点针对养殖证、水产苗种生产许可证、养殖投入品和企业各项管理记录档案建立情况，切实加大执法检查力度。

（4）建立健全执法档案制度和违法单位"黑名单"制度。

（5）对已经发现有问题的水产品，一律封塘禁售、严禁转移，坚决杜绝流入市场，对私自起捕出售的要依法从重处罚。已经查明属实的违法案件，要向社会公开曝光。

（6）加强执法人员的业务培训，加快建立执法监督检查机制和绩效考核制度。

◈ 怎样逐步推行水产品质量安全可追溯制度？

（1）要求各级渔业主管部门要贯彻落实《农产品产地安全管理办法》，加强水产品产地安全环境调查、监测与评价，根据监测结果，按照法定程序，建立水产养殖区环境质量预警机制，逐步推行水产养殖区调整或临时性关闭措施。

（2）加强水产品产地保护和环境修复，积极开展无公害水产品产地认定，继续实施并不断完善贝类养殖区划型制度。

（3）按照《农产品包装和标识管理办法》、《农产品产地证明管理规定》等规章要求，在无公害水产品生产企业、出口原料备案养殖场和健康养殖示范场等基础条件较完善的企业，开展产地准出、市场准入的区域性试点，实现产销对接。

（4）逐步试行水产品质量安全可追溯制度。

◈ 怎样增强水产品质量安全突发事件预警处置能力？

（1）要求各级渔业主管部门要按照既要预防又要妥善处理已出现事故的原则，建立并完善水产品质量安全重大突发事件预警应急处置预案。

（2）开展水产品质量安全隐患排查工作，对隐患及苗头性问题，要组织专家对其产生的主要原因、可能暴发的程度、对人体健康、市场供给和产业发展可能造成的影响进行深入分析评估，提出预警和处置意见。

（3）要严格执行水产品质量安全重大事件报告制度，不得瞒报、迟报。同时，加强舆情监测，发挥科研、推广、质检和行业协会等方面的作用，及时报告所发现的问题，尽量将事件控制在萌芽状态。

（4）一旦事件发生，各级渔业主管部门和有关单位，要立即启动预案，快速应对，密切配合，科学处置，妥善解决。同时，加强正面宣传，澄清事实真相，尽力消除恐慌，引导科学理性食用，保护消费者健康和合法生产者权益。

◈ 如何强化保障措施加强水产品质量安全的监管？

①全面落实监管责任；②加大资金支持力度；③健全法律法规和标准制度；④推进水产养殖业科技进步；⑤加强技术培训和宣传教育。

◈ 全面落实水产品质量安全监管责任包括哪些方面？

（1）要求各级渔业主管部门认真贯彻实施《渔业法》、《农产品质量安全法》、《食品安全法》和《国务院关于加强食品等产品安全监督管理的特别规定》等法律法规规定，切实履行好推动水产健康养殖、加强水产品质量安全监管的职责。

（2）要加强领导、健全机构、配备专人、明确分工，组织协调好渔政执法、水产品质量检测、水产科研和推广等各方面力量，全面落实属地监管责任，严格执行责任追究制度。

（3）要积极争取各级政府对水产品质量安全监管体系建设的重视和支持，加强与兽药、饲料、工商和质检等主管部门的沟通配合，推动建立权责一致、分工合理、运行顺畅、监督有力的水产品质量安全监管长效机制。

◈ 如何加大水产养殖资金支持力度？

（1）要积极争取各级财政加大对水产养殖业的支持力度，提高水产养殖业在财政支持农业及渔业中的比重，大力推动养殖池塘标准化改造，扩大渔机购置补贴范围和数量，加快水产良种繁育和水生动物防疫体系建设。

（2）加强水产品质量安全检验检测体系和执法装备建设，大力支持水产品质量安全监测和执法工作。

（3）利用现代农业产业技术体系等财政专项，加强水产健康养殖和水产品质量安全等方面的科学研究，支持基层水产技术推广、水生动物疫病防控和水产品质量监管等公共服务机构的能力建设。

◈ 如何健全水产养殖法律法规和标准制度？

（1）要进一步完善水域滩涂养殖权、水产种苗管理、水生动物防疫、水产品质量安全、养殖业执法和养殖水域生态保护等方面的法律法规和规章制度。

（2）加快制订或修订水产健康养殖技术、重大疫病防控、水产用药物安全使用、有害物质残留及检测等方面的标准和技术规范，进一步完善水产品质量安全标准体系和健康养殖操作规程，不断规范水产苗种繁育和养殖生产行为。

◈ 怎样推进水产养殖业的科技进步？

（1）要加强水产健康养殖和质量安全科技创新，加快建立理论与实际结合起来的渔业科技工作新方式，提升科技对产业持续健康发展的引领和支撑能力。

（2）要组织科技力量，加强水产育种工作，提高优良苗种生产能力和水产养殖良种化水平。

（3）开展池塘生态环境修复、湖泊水库和海洋生态养殖以及节能型工厂养殖等技术创新，加快实现养殖废水达标排放，保护和改善水域生态环境。

（4）开展水产用药物代谢规律研究，研发药物安全使用技术，推进水产养殖科学合理用药；研制能够替代禁用药物的新型渔药和水产疫苗，逐步降低化学药物使用量。

（5）加大水产配合饲料研发和推广力度，降低和消除养殖投饵对环境的影响；研究和完善水产品质量安全追溯技术，为加强水产品质量安全监管提供科学手段。

◈ 加强水产养殖技术培训和宣传教育包括哪些内容？

（1）要加强对养殖生产者、经营者的宣传教育，普及法律知识，增强质量意识，依法规范生产和经营行为。

（2）通过深入开展科技入户等工作，积极组织科研、教学和推广单位直接面向基层和养殖生产者，培训水产健康养殖知识，推广先进实用的新品种、新技术、新模式，提高科学养殖水平。

（3）积极推进基层水产技术推广体系改革，加强基层水产技术推广体系公益性职能和服务能力建设。

（4）充分发挥宣传舆论的导向作用，普及水产品食用营养知识和安全知识，正确引导水产品健康消费，努力扩大消费需求。

◆ 为什么要完善和落实鲜活农产品运输"绿色通道"政策？

为贯彻落实《中共中央国务院关于2009年促进农业稳定发展农民持续增收的若干意见》确定的长期实行并逐步完善鲜活农产品运销绿色通道政策，推进在全国范围内免收整车合法装载鲜活农产品车辆的通行费政策，为了给农村改革发展创造良好的政策环境，经研究，交通运输部、国家发展和改革委员要求进一步完善和落实鲜活农产品运输"绿色通道"政策。

◆ 鲜活农产品运输"绿色通道"政策包括哪些内容？

主要包括：①进一步优化和完善鲜活农产品运输"绿色通道"网络；②明确界定"绿色通道"政策中鲜活农产品的范围；③落实配套措施，强化监管手段；④做好相关服务工作。

◆ 怎样进一步优化和完善鲜活农产品运输"绿色通道"网络？

对《全国高效率鲜活农产品流通"绿色通道"建设实施方案》（交公路发〔2005〕20号）中确定的国家重要的鲜活农产品运输"绿色通道"，各地要坚决落实各项相关政策，免收整车合法装载运输鲜活农产品车辆的车辆通行费。同时，各省、自治区、直辖市要按照中央一号文件精神，结合本地实际，加快构建区域性"绿色通道"，建立由国家和区域性"绿色通道"共同组成的、覆盖全国的鲜活农产品运输"绿色通道"网络，并在全国范围内对整车合法装载运输鲜活农产品的车辆免收车辆通行费。

◈ 怎样明确界定"绿色通道"政策中鲜活农产品的范围？

按照交公路发〔2005〕20号文件的有关规定，享受"绿色通道"政策的鲜活农产品是指新鲜蔬菜、水果，鲜活水产品，活的畜禽，新鲜的肉、蛋、奶。为统一政策、便于操作，交通运输部、国家发展改革委经商有关部门，对鲜活农产品具体品种进行了进一步界定，制定了《鲜活农产品品种目录》。各地应严格按照《鲜活农产品品种目录》，落实"绿色通道"车辆通行费减免政策。

畜禽、水产品、瓜果、蔬菜、肉、蛋、奶等的深加工产品，以及花、草、苗木、粮食等不属于鲜活农产品范围，不适用"绿色通道"运输政策。

◈ 怎样做才能落实鲜活农产品配套措施、强化监管手段？

（1）整车装载。整车装载，是指享受"绿色通道"政策的车辆，装载鲜活农产品应占车辆核定载质量或车厢容积的80%以上，且没有与非鲜活农产品混装等行为。未达到上述装载标准，或与其他货物混装的运输车辆，不享受"绿色通道"政策。

（2）规范操作程序，提高通行效率。各地交通运输主管部门要加强收费人员特别是新增"绿色通道"收费站人员的培训，进一步提高一线收费人员对"绿色通道"政策的认知和执行能力。要积极探索研究快速鉴别鲜活农产品运输车辆的方法，充分利用高科技手段，或者综合利用配货单以及农业等有关部门出具的农产品检验检疫证作为鲜活农产品运输车辆的辅助查验手段，尽量缩短鲜活农产品运输车辆查验和通过收费站的时间。

（3）规范路面执法管理，保障鲜活农产品运输车辆的通行安全。路面执法人员在执法中，对鲜活农产品运输车辆轻微违法的，应以教育为主；对严重违法的，要严格依法处罚，努力为鲜活农产品运输创造安全畅通的道路交通环境。

（4）严厉打击假冒鲜活农产品、超限超载运输鲜活农产品等违法行为。对假冒、违法超限超载运输鲜活农产品的车辆，以及有其他违法行为、拒绝通过指定车道或拒不接受查验的鲜活农产品运输车辆，可不给予"绿色通道"免收车辆通行费的优惠政策；对有故意堵塞收费道口等扰乱收费秩序行为的车辆，应按照《收费公路管理条例》等有关规定依法予以处罚。

（5）对经营性收费公路企业的影响进行研究。各地交通运输、价格等部门要对"绿色通道"政策调整对收费公路带来的影响进行认真研究和评估。对于影响较大的经营性收费公路企业，视情况给予补偿。新批收费公路项目时，要充分考虑鲜活农产品运输车辆的影响，合理确定其交通流量。

◆ 怎样做好鲜活农产品相关服务工作？

（1）加强养护管理，保证道路畅通。各地交通运输主管部门和公路管理机构要切实加强公路日常养护管理，及时修复路面病害，做到路况良好、路容整齐、标志明显、绿化美化、安全畅通。要着力提高公路出行信息服务水平和应急保障能力，保障公路畅通，减少交通延误，提高鲜活农产品运输效率。

（2）规范标志设置，方便驾驶人员识认。为确保鲜活农产品运输车辆能够方便快捷地通过收费站，各收费站点应尽可能开辟"绿色通道"专用道口，并按照《关于规范鲜活农产品流通"绿色通道"标识设置工作的通知》（交公路发〔2007〕24号）的有关要求，在专用道口上方设置统一的"绿色通道"专用道口指路标志，引导鲜活农产品运输车辆迅速通过专用收费道口。同时，在收费站公示牌旁以及通道沿线的醒目位置，设置政策公示牌，向驾驶人员公布"绿色通道"的有关政策规定及监督电话。

（3）广泛开展宣传，营造良好氛围。各地要通过电视、电台、网络、报刊、杂志，以及发放宣传资料、设置公告牌等多种方式进行广泛宣传，力争使"绿色通道"政策的基本内容家喻户晓、深入人心。要深入鲜活农产品生产基地、批发市场、货运集散地，加强对货主单位、承运单位和人员进行政策法规方面的宣传和教育，进一步增强从业人员依法装载、合法运营的意识，为"绿色通道"政策的实施营造良好的社会氛围。

◈ 为什么要专项整治农产品市场秩序？

经国务院批准，发改委、商务部、国家工商总局联合下发通知，要求地方各级人民政府切实加强农产品市场监管，严厉打击囤积居奇，哄抬农产品价格等炒作行为，坚决维护正常市场秩序，促进价格总水平基本稳定，安定人民群众生活。

我国农业生产连续几年丰收，粮、油、肉、糖等重要农产品生产稳步增加，库存充裕，市场供求总体平衡，价格基本稳定。但近一个时期，部分地方少数经营者利用一些地区发生自然灾害、少数农产品生产和价格出现波动之机，捏造散布涨价信息、囤积居奇、哄抬价格、牟取暴利。有些媒体报道炒作，渲染加剧紧张气氛，助推价格上涨，严重扰乱了正常市场秩序，损害了农产品生产者、消费者和其他经营者的合法权益。

为此，要求地方各级人民政府立即开展农产品市场秩序专项整治工作，重点查处捏造散布涨价信息，哄抬价格的行为；查处市场旺销情况下，多进少售、只进不售或者囤积拒售，加剧市场供应紧张的囤积居奇行为；查处生产成本和经营成本没有明显变化，大幅度提高销售价格，牟取暴利的行为；查处相互串通，操纵市场价格的行为；查处垄断货源、阻断流通渠道，造成市场脱销断档的行为。

◈ 加强大宗农产品中远期交易市场监管有哪些要求？

禁止非法期货交易，坚决取缔存在市场主办者入市操纵价格、挪用保证金等行为的大宗农产品中远期交易市场。

地方各级人民政府及相关部门要严格执法，对情节严重、性质恶劣、社会影响大的案件，要予以公开曝光，依法没收全部违法所得，并处违法所得5倍罚款；没有违法所得的，处100万元以下罚款。屡查屡犯的，责令停业整顿，或者吊销营业执照；严重扰乱市场经济秩序，构成犯罪的，依法追究刑事责任。充分发挥社会监督的作用，鼓励群众举报。举报案件一经查实，对举报有功人员给予奖励。

地方各级人民政府要全面落实省长负责制和市长负责制，切实抓好农业生产，加强产销衔接，确保当地主要农产品市场供应和价格基本稳定；切实加强对农产品市场运行情况监测预警，主要农产品价格出现显著上涨或者有可能显著上涨时，依法采取临时干预措施；加强农产品交易资金监管，预防和制止社会游资对农产品进行投机炒作，努力保持农产品价格基本稳定，保护广大农民生产积极性，保障农产品市场供应，安定人民群众生活。

◈ 怎样增强鲜活农产品加工配送能力？

鲜活农产品高效物流配送是鲜活农产品进入市场的重要环节，也是降低鲜活农产品损耗率，提高农产品增加值的重要途径。支持大型连锁商业企业通过新建鲜活农产品配送中心、在现有日用消费品配送中心中增加鲜活农产品配送功能、发展第三方农产品物流配送等多种方式，建立与农产品生产基地规模及零售规模相适应的物流配送体系。

◈ 怎样提高鲜活农产品经营信息化水平？

要求连锁商业企业和有条件的专业合作社强化鲜活农产品信息系统建设，广泛推广数字终端设备、条码技术、电子标签技术、时点销售系统和电子订货系统等，进一步推广品类管理和供应链管理等现代管理技术。通过电子信息技术，以农产品产业链为基础、供应链管理为重点，实现连锁商业企业与农民专业合作社之间业务流程的融合和信息系统的互联互通，提高市场反应能力，建立鲜活农产品质量可追溯体系。

◈ 什么是培育农民专业合作社自有品牌？

就是要求试点连锁超市广泛宣传和大力支持农民专业合作社自有鲜活农产品品牌，向消费者提供质量安全可靠的农产品及加工制品，增强消费者对农民专业合作社鲜活农产品质量安全信心，促进农民专业合作社鲜活农产品销售规模的扩大。

◈ 什么是调整连锁超市商品经营结构？

就是围绕扩大农民专业合作社鲜活农产品经营规模，适当调整连锁超市商品布局，增加鲜活农产品销售种类，扩大鲜活农产品经营面积，努力提高鲜活农产品销售比重。通过扩大农民专业合作社鲜活农产品经营规模，提高连锁商业企业市场竞争力。

◈ 什么是"农超对接"？

"农超对接"就是农产品与超市直接对接，市场需要什么，农民就生产什么。"农超对接"既可避免生产的盲目性，稳定农产品销售渠道和价格，同时，还可减少流通环节，降低流通成本，通过直采可以降低流通成本20% ~ 30%，给消费者带来实惠。

"农超对接"是国外普遍采用的一种农产品生产销售模式，目前，亚太地区农产品经超市销售的比重达 70% 以上，美国达 90%，而我国只有 15% 左右。

◈ 为什么要开展"农超对接"试点工作？

为贯彻落实《中共中央国务院关于加强农业基础建设，进一步促进农业发展农民增收的若干意见》（中发〔2008〕1 号）和十七届三中全会精神，探索城市支持农村的有效途径，积极发展农产品现代流通方式，推进鲜活农产品"超市＋基地"的供应链模式，引导大型连锁超市直接与鲜活农产品产地的农民专业合作社对接，培育大型农产品流通企业与自主品牌，保障城乡居民食品安全，促进农民持续稳定增收，扩大农村消费，推进现代农业和社会主义新农村建设，商务部、农业部决定自 2008 年起开展"农超对接"试点。

◈ 促进鲜活农产品"农超对接"有什么重要意义？

随着大型连锁超市和农民专业合作社的快速发展，我国一些地方已经具备了鲜活农产品从产地直接进超市的基本条件。开展鲜活农产品"农超对接"试点，积极探索推动鲜活农产品"农超对接"的有效途径和措施，着力解决当前存在的薄弱环节和突出问题，是减少流通环节、降低农产品流通成本的有效手段，是解决鲜活农产品卖难的根本途径，有利于促进鲜活农产品"农超对接"经营进入良性发展轨道，实现农产品质量从农田到餐桌的全过程控制，提高农产品质量安全水平，对建立农产品现代流通体制、增加农民收入和促进城乡统筹协调发展具有重要的现实意义。

地方各级商务、农业行政主管部门要高度重视，树立全局观念，进一步提高认识，统一思想，增强责任感、使命感和紧迫感，增强工作的积极性和主动性，采取有效措施，加大工作力度，推动试点工作顺利开展。

◈ "农超对接"试点有什么成效？

发达国家流通企业发展"订单农业"的比重高，购销关系稳定。美国食用农产品经超市销售的比重占90%，日本占85%，马来西亚占70%，澳大利亚占65%，我国这一比重仅为15%左右。在我国产销脱节、信息不灵是农产品买难、卖难时有发生的主要原因。

为解决上述问题，2009年中央财政安排专项资金，在全国17个省、区、市支持了205个"农超对接"项目，带动社会投资40亿元，直接受益的农民专业合作社社员达11万人。推动流通企业发展"订单农业"，充分发挥流通引导作用，大幅减少农产品流通环节，建立集农产品生产、加工、包装、销售为一体的新型农产品供应链，对提高农民收入，促进食品安全意义重大。

据物美、家家悦、家乐福等大型企业反映，通过发展"订单农业"，农民销售农产品价格平均提高约15%，超市的售价下降15%，使农民、消费者、企业三方受益。

2010年，我国将扩大"农超对接"试点范围，支持大型流通企业开展"农超对接"，通过支持农产品加工配送中心、冷链系统和农产品品牌建设，推动"订单农业"的发展，建立稳定的购销关系，促进农民增收。

◈ "农超对接"的指导思想是什么？

以科学发展观为指导，按照建立中国特色农产品现代流通体制的总体要求，紧紧围绕减少农产品流通环节、降低农产品流通成本、保障城乡居民消费安全、增加农民收入、促进城乡统筹协调发展这一主题，以发展鲜活农产品"农超对接"作为农产品流通体制改革的突破口，推进农产品流通现代化，加快形成流通成本低、运行效率高的农产品营销网络。

◈ "农超对接"的基本原则是什么?

(1)坚持政府引导,市场运作。以城市大型连锁商业企业为主体,支持连锁商业企业和农民专业合作社发挥网络、信息、配送等优势,建设农产品生产基地,建立新型鲜活农产品供应链。

(2)坚持因地制宜,试点先行。根据不同地区经济发展水平、连锁经营企业实力、城乡居民收入水平等实际情况,采取不同的发展模式稳步推进。

(3)坚持贸农结合,以商促农。以大型连锁超市为基础,与农民专业合作社相结合,建立新型农产品流通渠道,促进连锁企业产业链的延伸和农产品供应链的整合。

◈ "农超对接"的主要目标是什么?

到 2012 年,试点企业鲜活农产品产地直接采购比例达到 50% 左右,减少流通环节,降低流通费用,并建立从产地到零售终端的鲜活农产品冷链系统。

◈ 企业"农超对接"试点应具备哪些条件?

(1)企业经济效益在当地名列前茅,连续盈利 3 年以上,无违法经营记录等。

(2)企业资产结构合理,资产负债率在 70% 以下。

(3)超市生鲜农产品销售额占总销售额的 25% 左右。

(4)具有稳定的农产品供货渠道,包括企业自有生产基地、与农民专业合作社合作等。

(5)具有与经营规模相匹配的连锁超市、生鲜农产品物流配送中心及辅助设施等。

◈ 产地农民专业合作社"农超对接"试点应具备哪些条件？

（1）具有注册商标和产品包装等自主品牌，获得市级以上农产品名牌产品或著名商标称号。

（2）生产基地或产品获得无公害农产品产地认定或产品认证，或产品已开展绿色食品和有机食品认证，基本建立农产品质量安全追溯和自律性检测检验制度。

（3）生产基地实行统一生产技术规程和质量标准，标准化生产面积占到 80% 以上。

（4）专业合作社与所推荐试点企业已有或即将建立合作关系。

◈ 鲜活农产品"农超对接"试点主体有哪些？

根据各地推荐的企业情况，经研究，第一批确定山东家家悦超市有限公司、河北保龙仓商业连锁经营有限公司、家乐福（中国）管理咨询服务有限公司、锦江麦德龙现购自运有限公司、江西国光商业连锁有限责任公司、沃尔玛（中国）投资有限公司、上海康成投资（中国）有限公司、华润万家有限公司、中粮集团等 9 家企业为国家"农超对接"试点企业。下一步根据各地推进情况适时吸纳新的企业参加试点。各省商务主管部门会同农业行政主管部门根据当地情况确定省级农超对接试点企业和产地农民专业合作社。

◈ 鲜活农产品"农超对接"试点建设内容包括哪些方面？

主要包括：①加大鲜活农产品现代流通设施投入；②增强鲜活农产品加工配送能力；③提高鲜活农产品经营信息化水平；④培育农民专业合作社自有品牌；⑤调整连锁超市商品经营结构；⑥建立"农超对接"渠道。

◈ 建立"农超对接"渠道包括哪些内容?

就是要求商务主管部门负责组织试点连锁超市、农业行政主管部门负责组织本辖区内产业基础牢、产品规模大、质量安全优、品牌效应好、农户成员多的优秀农民专业合作社,通过定期举办专场对接洽谈会、产品展示推介会等形式,为超市与合作社搭建对接平台,疏通对接渠道,由连锁超市与农民专业合作社签订购销合同。连锁超市要给予农民专业合作社市场信息、加工包装技术、储运以及价格等方面的支持服务和优惠。

◈ 鲜活农产品"农超对接"的政策保障有哪些?

(1)加大政策扶持力度。落实农产品仓储设施建设用地按工业用地对待政策。鼓励地方政府安排相应资金,重点扶持发展鲜活农产品冷链系统建设,支持鲜活农产品"农超对接"经营。商务部和农业部扶持"农超对接"试点的具体政策商同有关部门另行制定。

(2)拓宽投融资渠道。通过政策杠杆引导社会资金加大对鲜活农产品基础设施的投入。鼓励各类大型连锁超市进入鲜活农产品流通领域,进行示范带动。协调金融机构对鲜活农产品"农超对接"予以信贷支持,对连锁商业企业和农民专业合作社申请贷款提供技术指导。

(3)培育农产品现代流通人才。扩大国际交流合作,继续举办农产品市场流通培训班,培训一批熟悉国际农产品流通先进经验的商务管理人才。加强连锁商业企业和农民专业合作社人才培训,编制符合企业和农民专业合作社发展要求的人才培训规划,培养适应农产品现代流通经营需求的管理人才,为加快鲜活农产品"农超对接"发展提供人才保障。

(4)加强组织落实工作。各地商务和农业部门要认真组织,精心部署试点工作。要加强与财政、国土、税务、金融等有关部门的沟通，出台配套政策措施，形成政策合力。根据本地实际情况，积极争取当地政府支持，帮助解决试点工作中遇到的实际问题，加快推动"农超对接"试点工作。在试点工作中如果遇到相关问题，可与商务部和农业部联系。

◈ "农超对接"的社会影响有哪些？

"农超对接"的本质是将现代流通方式引向广阔农村，将千家万户的小生产与千变万化的大市场对接起来，构建市场经济条件下的产销一体化链条，实现商家、农民、消费者共赢。它带来了广泛而深刻的经济社会影响。

（1）为农产品提供了良好的销售平台。优质农产品借助超市遍布各地的网点布局、四通八达的配送体系、灵敏的市场触角，以最快速度进入千家万户。农产品生产销售商、本土超市、外地超市、境外超市，在一系列"农超对接"中，被牵到同一平台会面、洽谈。在此基础上，通过开展与国外超市的"超超"对接，又将本地农产品打入国际市场。实践证明，"农超对接"在农产品走向世界中起到了很好的引导作用和媒介作用。

（2）实现了生产者和超市双赢。超市多为连锁企业，实行统一采购、统一配货、统一定价。超市经营人员直接进大棚，看产品、谈价格、签合同，最大限度地减少了传统批发诸多的中间环节，最大限度地保持了产品的新鲜度。同时，经过严格筛选、包装和加工后的农产品，能够更好地满足市民需求。超市采用现代化经营方式，设施齐全且管理到位，有利于降低农产品储运及销售过程中的损耗。"农超对接"既可解决城镇居民吃菜难、不新鲜、时间受限制的难题，又解决了菜农难以预测销售市场的后顾之忧，也节约了商家成本，多方受益。据市场调查，河北省超市目前销售本省大米占90%，鲜猪肉占100%，蔬菜占50%，活鲜品占80%，面粉及面制品占30%。

（3）"农超对接"得到了商家的大力支持。可以打破旧行规，连接城乡市场，扶持农产品流通，既促进了农民增收，又丰富了市民的生活；农产品生产加工商给超市最好的商品，最合理的价位，最有力的促销支持，使超市更加兴旺。